W0078772

Schon als Kind liebte Virginia Woolf die Natur, als sie durch die Kensing-ton Gardens in London streifte oder den Sommer im cornischen St Ives verbrachte. Der Garten von Monk's House, ihrem kleinen Cottage in Sussex, wurde zu ihrem Herzensort. Das von blühenden Rabatten, Beeten und Sträuchern umgebene Grün war für Virginia gleichermaßen Rück-zugsort und eine nie versiegende Quelle der Inspiration. In ihren Briefen, Tagebüchern und der autobiographischen Prosa schildert sie nicht nur das Pflanzen, Blühen und Welken, sondern verknüpft den Kreislauf der Na-tur auch mit philosophischen Betrachtungen über die großen Themen des Lebens: Liebe, Verlust, Altern, Hoffnung und Zeit. Dieser Band lädt den Leser ein, Virginia Woolfs Schreiben neu zu entdecken und mit ihr in die immer wieder beschriebene Herrlichkeit der Natur einzutauchen.

Virginia Woolf, 1882 in London geboren, ist eine der führenden Autorin-nen der klassischen Moderne und eine Leitfigur der Frauenbewegung. *Mrs Dalloway* und *Orlando* zählen zu ihren berühmtesten Werken. Am 28. März 1941 nahm sie sich bei Rodmell (Sussex) das Leben.

Jutta Rosenkranz, geboren in Berlin, studierte Germanistik und Romani-stik und ist freie Schriftstellerin, Herausgeberin, Journalistin und Dozen-tin für Literatur. Sie hat Gedichte, Prosa und literarische Essays publiziert, zahlreiche Autoren-Porträts und Features für den Hörfunk geschrieben und ist Herausgeberin mehrerer Lyrik-Anthologien. 2007 veröffentlichte sie die erste Biographie über Mascha Kaléko und 2012 die von ihr heraus-gegebene und kommentierte vierbändige Mascha-Kaléko-Gesamtaus-gabe (Werke und Briefe). 2014 erschien *»Zeile für Zeile mein Paradies«* – *Be-deutende Schriftstellerinnen. 18 Porträts.*

insel taschenbuch 4435
Eines jeden Glück
Mit Virginia Woolf durch den Garten

Eines jeden Glück

Mit Virginia Woolf durch den Garten

Herausgegeben von
Jutta Rosenkranz

INSEL VERLAG

2. Auflage 2022

Erste Auflage 2016
insel taschenbuch 4435
Originalausgabe
© dieser Ausgabe Insel Verlag Berlin 2016
Literaturverzeichnis am Ende des Bandes
Alle Rechte vorbehalten. Wir behalten uns auch
eine Nutzung des Werks für Text und Data Mining
im Sinne von § 44b UrhG vor.
Umschlag: Rothfos & Gabler, Hamburg
Umschlagfoto: David Sellman/National Trust Images
Satz: Satz-Offizin Hümmer GmbH, Waldbüttelbrunn
Druck: CPI – Ebner & Spiegel, Ulm
Dieses Buch wurde klimaneutral produziert:
climatepartner.com/14438-2110-1001
Printed in Germany
ISBN 978-3-458-36135-0

www.insel-verlag.de

INHALT

IV.

»Der Garten ein einziges üppiges Blühen«
IMAGINÄRE LANDSCHAFTEN –
BLUMEN, BÄUME, GÄRTEN UND PARKS
IN ROMANEN, ERZÄHLUNGEN UND ESSAYS

V.

»Die Schönheit der Landschaft«
UNTERWEGS

I.

» Weiße Passionsblumen wuchsen an der Mauer «

GÄRTEN UND LANDSCHAFTEN
DER KINDHEIT

Cornwall – St Ives

Vor zwei Tagen – am Sonntag, 16. April 1939, um genau zu
sein – sagte Nessa, wenn ich nicht anfinge, meine Memoiren
zu schreiben, wäre ich bald zu alt. [...] Es gibt mehrere Schwierigkeiten. Zum ersten die enorme Zahl der Dinge, an die ich
mich erinnere; zum zweiten die vielen unterschiedlichen Arten und Weisen, auf die Erinnerungen geschrieben werden
können. Als große Memoirenleserin kenne ich viele verschiedene Arten und Weisen. Aber wenn ich anfange, sie durch-
zugehen und sie und ihre Vorzüge und Versäumnisse zu analysieren, werden die Vormittage – ich kann mir nicht mehr
als zwei oder höchstens drei dafür nehmen – dahin sein. Ohne
mich also damit aufzuhalten, meine Art und Weise zu wäh-
len, im festen und sicheren Wissen, daß sie sich von selbst finden wird – oder daß es, falls nicht, keine Rolle spielen wird,
beginne ich –: die erste Erinnerung.

Sie handelt von roten und violetten Blumen auf schwar-
zem Grund – dem Kleid meiner Mutter; und sie saß entweder in einem Zug oder in einem Omnibus, und ich auf ihrem
Schoß. Daher sah ich die Blumen, die sie trug, aus nächster
Nähe; und kann das Violett und Rot und Blau, glaube ich,
vor dem Schwarz, immer noch sehen; es müssen Anemonen

gewesen sein, nehme ich an. Vielleicht fuhren wir nach St Ives; wahrscheinlicher, denn dem Licht nach zu urteilen muß es Abend gewesen sein, kamen wir nach London zurück. Allerdings kommt es mir aus künstlerischen Gründen besser zupaß anzunehmen, daß wir nach St Ives fuhren, denn das führt mich zu meiner anderen Erinnerung, die ebenfalls meine erste Erinnerung zu sein scheint, und tatsächlich ist sie die wichtigste aller meiner Erinnerungen. Falls das Leben einen Sockel hat, auf dem es steht, falls es eine Schale ist, die man füllt und füllt und füllt – dann steht meine Schale ohne jeden Zweifel auf dieser Erinnerung. Sie handelt davon, halb schlafend, halb wach, im Kinderzimmer in St Ives im Bett zu liegen. Sie handelt davon zu hören, wie die Wellen sich brechen, eins, zwei, eins, zwei, und einen Wasserschwall über den Strand schäumen lassen; und sich dann wieder brechen, eins, zwei, eins zwei, hinter einem gelben Rouleau. Sie handelt davon zu hören, wie das Rouleau seine kleine Eichel über den Boden schleift, während der Wind das Rouleau bauscht. Sie handelt davon, dazuliegen und dieses Schäumen zu hören und dieses Licht zu sehen, und zu fühlen, es ist fast unmöglich, daß ich hier bin; die reinste Ekstase zu fühlen, die ich mir nur vorstellen kann. [...]

Doch ich will mich auf das Kinderzimmer konzentrieren – es hatte einen Balkon; er hatte eine Trennwand, aber er grenzte an den Balkon des Schlafzimmers meines Vaters und meiner Mutter. Meine Mutter trat oft in einem weißen Morgenmantel auf ihren Balkon. Weiße Passionsblumen wuchsen an der Mauer; es waren große, sternengleiche Blüten, mit violetten Streifen, und großen grünen Knospen, teils leer, teils voll.

Wäre ich eine Malerin, würde ich diese ersten Eindrücke in blassem Gelb, Silber und Grün malen. Da war das blaßgelbe

Rouleau; das grüne Meer; und das Silber der Passionsblumen. Ich würde ein Bild schaffen, das kugelförmig wäre; halb durchsichtig. Ich würde ein Bild aus geschwungenen Blütenblättern schaffen; aus Muscheln; aus Dingen, die halb durchsichtig wären; ich würde geschwungene Formen schaffen, die das Licht durchscheinen lassen, aber keine klaren Umrisse zeigen. Alles wäre groß und undeutlich; und was sichtbar wäre, wäre gleichzeitig auch zu hören; Geräusche drängen durch dieses Blütenblatt oder Blatt – Geräusche, die von den Bildern ununterscheidbar wären. Geräusche und Bilder scheinen diese ersten Eindrücke gleichermaßen auszumachen. Wenn ich an den frühen Morgen im Bett denke, höre ich auch das Krächzen der Krähen, die aus großer Höhe herabstürzen. Der Klang scheint durch eine elastische, zähflüssige Luft zu stürzen; die ihn trägt; die verhindert, daß er scharf und klar ist. Die Qualität der Luft über Talland House schien Klang in der Schwebe zu halten, ihn langsam nach unten sinken zu lassen, als würde er von einem blauen Gummischleier aufgefangen. Das Krächzen der Krähen ist Teil der sich brechenden Wellen – eins, zwei, eins, zwei – und des Schäumens, wenn die Welle sich zurückzog und wieder sammelte, und ich lag halb wach, halb schlafend, und sog eine solche Ekstase in mich ein, daß ich sie nicht beschreiben kann.

Die nächste Erinnerung – all diese Farb-und-Klang-Erinnerungen hängen in St Ives zusammen – war viel robuster; sie war hochgradig sinnlich. Sie kam später. Sie erfüllt mich immer noch mit Wärme; als sei alles reif; summend; sonnig; so viele Gerüche auf einmal wahrnehmend; und alle zusammen ergaben ein Ganzes, das mich selbst heute noch innehalten läßt – so wie ich damals auf dem Weg hinunter zum Strand innehielt; ich blieb oben stehen, um auf die Gärten hinunterzublicken. Sie lagen vertieft unterhalb der Straße. Die Äpfel waren auf einer Höhe mit meinem Kopf. Die Gärten gaben ein Gemurmel von Bienen von sich; die Äpfel waren rot und golden; es gab auch rosa Blumen; und graue und silberne Blätter. Das Summen, das Gurren, der Duft, sie alle schienen sich sinnlich gegen irgendeine Membran zu pressen; nicht, um sie zum Bersten zu bringen; sondern um einen mit einer derart vollkommenen freudigen Verzückung zu umsummen, daß ich innehielt, schnupperte; schaute. Aber wieder kann ich diese Verzückung nicht beschreiben. Es war eher Verzückung denn Ekstase.

Die Intensität dieser Bilder – aber Gesehenes war damals immer so sehr mit Gehörtem gemischt, daß Bild nicht das richtige Wort ist – die Intensität dieser Eindrücke läßt mich jedenfalls erneut abschweifen. Jene Augenblicke – im Kinderzimmer, auf der Straße zum Strand – können immer noch realer sein als der gegenwärtige Augenblick. […] Zuzeiten kann ich vollständiger nach St Ives zurückkehren, als ich es an diesem Vormittag kann. Ich kann ein Stadium erreichen, in dem ich so, als sei ich dort, zu beobachten scheine, wie die Dinge geschehen. Das heißt vermutlich, daß meine Erinnerung mir zur Verfügung stellt, was ich vergessen hatte, so daß es scheint, als geschehe es unabhängig von mir, obwohl in Wirklichkeit ich es geschehen lasse. In gewissen günstigen Stimmungen steigen Erinnerungen – das, was man vergessen hat – an die Oberfläche. Wenn das aber so ist, wäre es dann nicht möglich – frage ich mich oft –, daß Dinge, die wir mit großer Intensität empfunden haben, unabhängig von unserem Hirn existieren; tatsächlich immer noch existieren? Und wenn das so ist, wäre es dann, mit der Zeit, nicht denkbar, daß ein Gerät erfunden wird, mit dem wir sie anzapfen können? Ich sehe sie – die Vergangenheit – als eine Straße, die hinter mir liegt; ein langes Band aus Szenen, Gefühlen. Dort, am Ende der Straße, sind immer noch der Garten und das Kinderzimmer. Statt mich hier an eine Szene und da an ein Geräusch zu erinnern, werde ich einen Stecker in die Wand stöpseln; und in die Vergangenheit hineinhorchen. Ich werde den August 1890 lauter stellen. Ich fühle, daß starke Emotionen ihre Spuren hinterlassen müssen; und es geht nur darum herauszufinden, wie wir uns wieder damit verknüpfen können, um in der Lage zu sein, unser Leben von Anfang an noch einmal zu durchleben. […]

Das also sind einige meiner ersten Erinnerungen. Doch natürlich sind sie als Bericht über mein Leben irreführend, denn die Dinge, an die man sich nicht erinnert, sind ebenso wichtig; vielleicht sind sie sogar wichtiger. Wenn ich mich an einen ganzen Tag erinnern könnte, wäre ich in der Lage, zumindest oberflächlich, zu beschreiben, wie das Leben als Kind war. Leider jedoch erinnert man sich nur an das, was außergewöhnlich ist. Und es scheint keinen Grund zu geben, warum eine Sache außergewöhnlich ist und eine andere nicht. Wieso habe ich so viele Dinge vergessen, von denen man gedacht hätte, sie seien erinnerungswürdiger als die, an die ich mich erinnere? Wieso erinnere ich mich an das Summen der Bienen im Garten auf dem Weg zum Strand und habe völlig vergessen, daß ich nackt von Vater ins Meer geworfen wurde? (Mrs Swanwick sagt, sie habe es mit eigenen Augen gesehen.)

Dies führt zu einer Abschweifung, die vielleicht ein wenig meine eigene Psyche erklärt; sogar die anderer Menschen. Wenn ich an einem meiner sogenannten Romane schrieb, stellte dieses selbe Problem mich oft vor Rätsel; das heißt, wie soll man beschreiben, was ich in meiner privaten Kurzschrift »Nicht-

Sein« nenne. Jeder Tag beinhaltet viel mehr Nicht-Sein als Sein. […] Das ist immer so. Ein großer Teil jedes Tages wird nicht bewußt gelebt. Man geht, ißt, sieht Dinge, kümmert sich um das, was zu tun ist; den kaputten Staubsauger; die Anweisungen fürs Dinner; […] waschen; Essen kochen; buchbinden. Wenn es ein schlechter Tag ist, ist der Anteil des Nicht-Seins viel größer. Letzte Woche hatte ich leichtes Fieber; fast der ganze Tag war Nicht-Sein. Der wahre Schriftsteller kann irgendwie beide Arten des Seins vermitteln. […]

Als Kind enthielten meine Tage also, genau wie heute, einen großen Anteil dieser Watte, dieses Nicht-Seins. Woche um Woche in St Ives verging, und nichts machte bleibenden Eindruck auf mich. Dann erfolgte, aus keinem mir bekannten Grund, ein plötzlicher, heftiger Schock; etwas geschah so heftig, daß ich mich mein ganzes Leben daran erinnerte. Ich will ein paar Beispiele nennen. Das erste: Ich kämpfte mit Thoby auf dem Rasen. Wir hämmerten mit Fäusten aufeinander ein. Gerade als ich die Faust hob, um ihn zu schlagen, fühlte ich: wieso einem anderen Menschen weh tun? Ich ließ die Hand sofort sinken, und stand da und ließ mich von ihm schlagen. Ich erinnere mich an das Gefühl. Es war ein Gefühl hoffnungsloser Traurigkeit. Es war, als würde ich mir einer schrecklichen Sache bewußt; und meiner eigenen Machtlosigkeit. Ich schlich allein davon, und fühlte mich furchtbar deprimiert. Der zweite Vorfall geschah ebenfalls im Garten in St Ives. Ich betrachtete das Blumenbeet an der Haustür; »Das ist das Ganze«, sagte ich. Ich betrachtete eine Pflanze mit weit ausladenden Blättern; und plötzlich erschien es mir ganz offensichtlich, daß die Blume Teil der Erde war; daß ein Ring umschloß, was die Blume war; und das war die wirkliche Blume; teils Erde; teils Blume. Es war ein Gedanke, den ich als etwas beiseite legte, was mir später wahrscheinlich sehr nützlich sein würde. Der dritte Fall ereignete sich auch in St Ives. Leute namens Valpy waren in St Ives gewesen und dann abgereist. Eines Abends warteten wir beim Dinner, als ich irgendwie hörte, wie mein Vater oder meine Mutter sagte, Mr Valpy habe sich umgebracht. Als nächstes erinnere ich mich daran, abends im Garten zu sein und den Pfad am Apfelbaum entlangzugehen. Es schien mir, als sei der Apfelbaum mit dem Grauen von Mr Valpys Selbstmord verbunden. Ich konnte nicht an ihm vorbeigehen. Ich stand da und betrachtete – es war ein mondheller Abend – die graugrünen Furchen der Rinde in einer Trance des Entsetzens. Ich schien, hoffnungslos, in eine Grube absoluter Verzweiflung hineingezogen zu werden, aus der es kein Entrinnen gab. Mein Körper war wie gelähmt.

Das sind drei Beispiele für außergewöhnliche Augenblicke. Ich erzähle oft davon, oder vielmehr kommen sie unerwartet an die Oberfläche. Aber jetzt, da ich sie zum ersten Mal niedergeschrieben habe, erkenne ich etwas, was ich vorher nie erkannt habe. Zwei dieser Augenblicke endeten in einem Zustand der Verzweiflung. Der andere endete im Gegenteil in einem Zustand der Befriedigung. Als ich über die Blume sagte »Das ist das Ganze«, hatte ich das Gefühl, eine Entdeckung gemacht zu haben. Ich hatte das Gefühl, in meinem Kopf etwas gehortet zu haben, [zu] dem ich zurückgehen würde, um es hin und her zu wenden und zu erforschen. Jetzt geht mir auf, daß das ein großer Unterschied war. Es war in erster Linie der Unterschied zwischen Verzweiflung und Befriedigung. Dieser Unterschied ergab sich, glaube ich, aus der Tatsache, daß ich absolut nicht in der Lage war, mit dem Schmerz der Entdeckung umzugehen, daß Menschen einander weh tun, daß ein Mann, den ich vom Sehen kannte, sich umgebracht hatte. Das Gefühl des Grauens machte mich machtlos. Aber im Fall der Blume hatte ich einen Grund gefunden; und war daher in der Lage, mit der Empfindung umzugehen. Ich war nicht machtlos. Ich war mir bewußt – wenn auch nur entfernt –, daß ich sie mit der Zeit würde erklären können. Ich weiß nicht, ob ich, als ich die Blume sah, älter war als bei den beiden anderen Erfahrungen. [...]

Diese meine Intuition – sie ist so instinktiv, daß es scheint, als sei sie mir gegeben, nicht von mir geschaffen – hat meinem Leben unzweifelhaft seinen Maßstab verliehen, seit ich die Blume im Beet neben der Haustür in St Ives sah.

***

Auf einer seiner Wanderungen, es muß 1881 gewesen sein, glaube ich, entdeckte Vater St Ives. Er muß dort übernachtet und gesehen haben, daß Talland House zu vermieten war. Er muß das Städtchen fast so gesehen haben, wie es im sechzehnten Jahrhundert war, ohne Hotels, oder Villen; und die Bucht so, wie sie seit Anbeginn der Zeit gewesen war. Es war das erste Jahr, glaube ich, daß es die Verbindung von St Erth nach St Ives gab – davor war St Ives acht Meilen von der Eisenbahn entfernt gewesen. Während er, vielleicht auf dem Tregenna, seine Sandwiches kaute, muß er auf seine stille Art beeindruckt gewesen sein von der Schönheit der Bucht; und gedacht haben: das hier käme vielleicht für unsere Sommerferien in Frage, und arbeitete mit seiner üblichen Vorsicht Mittel und Wege aus. Ich sollte im folgenden Januar geboren werden; und obwohl sie ihre Familie begrenzt halten wollten, und taten, was sie konnten, um mich zu verhindern, muß er gewußt haben, daß die Schritte, die sie unternahmen, nicht erfolgreich waren; Adrian wurde ein Jahr nach mir geboren (1883) – wieder trotz Vorkehrungen. Es ist ein Beweis für die Leichtigkeit und den Wohlstand jener Zeit, daß ein Mann, der von Geld geradezu besessen war, es für praktikabel hielt, ein Haus auf dem äußersten Zehennagel Englands, wie er das nannte, anzumieten, so daß er jeden Sommer die Kosten dafür aufbringen mußte, Kinder, Kindermädchen, Dienstboten vom einen Ende Englands zum anderen zu verfrachten. Und doch tat er es. Sie mieteten das Haus von der Great Western Railway Company. Die Entfernung erwies sich in einer Hinsicht als Nachteil; denn wir konnten nur im Sommer hinfahren. Das Leben auf dem Land wurde für uns folglich in zwei oder höchstens drei Monate im Jahr kanalisiert. Die anderen Monate wurden ausschließlich in London verbracht. Aber im nachhinein machte nichts, was wir als Kinder hatten, einen so großen Unterschied, war annähernd so wichtig für uns wie unsere Sommer in Cornwall. Das Land wurde dadurch intensiver, nach all den Monaten in London nach Cornwall zu fahren; unser eigenes Haus zu haben; unseren eigenen Garten; die Bucht; das Meer; die Moore; [...] am ersten Abend zu hören, wie die Wellen sich hinter dem gelben Rouleau brachen; im Sand zu buddeln; mit einem Fischerboot hinauszufahren; über die Felsen zu klettern und zu sehen, wie die roten und gelben Seeanemonen ihre Antennen erblühen ließen; oder wie Geleeklümpchen an den Felsen klebten; einen kleinen Fisch zu finden, der in einem Tümpel mit dem Schwanz schlug; Porzellanschnecken zu sammeln; im Eßzimmer den Blick von der Grammatik zu heben und zu sehen, wie sich das Licht über der Bucht veränderte; die Blätter der Escallonia grau oder hellgrün; in den Ort zu gehen und für einen Penny eine Schachtel Tapeziernägel oder ein Taschenmesser zu kaufen; um das Haus der Lanhams herumzuschleichen – [...] all die fischigen Gerüche in den steilen kleinen Straßen zu riechen; und die zahllosen Katzen mit Fischgerippen im Maul zu sehen; und die Frauen auf den Stufen vor ihren Häusern, wie sie Eimer mit Schmutzwasser in die Gosse kippten; jeden Tag eine große Schüssel mit Cornish Cream, von einer gelben Haut überzogener Sahne, zu haben; und reichlich braunen Zucker, für die Brombeeren … Ich könnte Seiten damit füllen, mich an eines nach dem anderen zu erinnern. Alles zusammen machte den Sommer in St Ives zum besten nur vorstellbaren Anfang des Lebens. Als sie Talland House mieteten, gaben Vater und Mutter uns – mir auf jeden Fall – etwas, was immerwährend war, unschätzbar. […]

Unser Haus, Talland House, lag knapp außerhalb des Ortes, am Hang. Für wen die Great Western Railway es erbaut hatte, weiß ich nicht. Es muß in den Vierzigern oder in den Fünfzigern gewesen sein; ein quadratisches Haus, wie eine Kinderzeichnung von einem Haus; bemerkenswert nur wegen seines flachen Dachs, und wegen des gekreuzten Geländers, das um das Dach herum verlief; wieder wie etwas, was ein Kind zeichnet. Es stand in einem Garten, der sich den Hang hinunterzog; und sich in unterschiedliche Gärten unterteilt hatte, umgeben von dichten Escalloniahecken, deren Blätter, wenn man sie zerdrückte, einen sehr süßen Duft verströmten. Er hatte so viele abgetrennte Winkel, und umwachsene Rasenflächen, daß alle einen eigenen Namen hatten; da war der Kaffeegarten; der Brunnen – ein Bassin mit einer tropfenden Tülle, umgeben von einer Hecke feuchter, immergrüner Gewächse; der Kricketrasen; der Liebeswinkel, unter dem Gewächshaus, wo die dunkelblaue Clematis Jackmanii wuchs […]. Dann gab es den Küchengarten; die Erdbeerbeete; den Teich, wo Willy Fisher die kleinen Dampfer schwimmen ließ, die er selbst gebaut hatte, mit einem Schaufelrad, das mit einem Gummiband betrieben wurde; und den großen Baum. Alle diese unterschiedlichen, abgetrennten Bereiche waren in diesem einen Garten von höchstens zwei oder drei Acres enthalten. Man betrat ihn durch ein großes Holztor, und das Klicken seines Schnappriegels gehörte zu den vertrauten Geräuschen; dann ging man den Fahrweg hinauf, unterhalb der steilen Felsenmauer, gesprenkelt mit den fleischigen Blättern der Mittagsblumen; und dann kam der Ausguck, zwischen den Pampasgrasbüscheln. Der Ausguck war eine grasbewachsene Erhöhung, die über die hohe Gartenmauer ragte. Dort wurden wir oft hingeschickt, um auf das Fallen des Signals zu warten. Wenn das Signal fiel, war es Zeit, zum Bahnhof aufzubrechen, um auf den Zug zu warten. Es war der Zug, der Mr Lowell brachte, Mr Gibbs, die Stillmans, die Lushingtons, die Symondses. Aber das war etwas für Erwachsene – Freunde zu empfangen. Wir hatten nie Freunde zu Besuch. Wir hätten sie auch nicht gewollt. »Wir vier« waren uns völlig genug. Einmal, als ein Kind namens Elsie von Mrs Westlake zum Spielen zu uns gebracht wurde, »kehrte ich sie durch den Garten«. Ich weiß noch, wie ich sie wie einen Haufen angewehter Herbstblätter vor mir herfegte. [...]

Jeden Nachmittag »unternahmen wir einen Spaziergang«. Später wurden diese Spaziergänge zu einer Strafe. Mutter bestand darauf, daß Vater einen von uns brauchte, der ihn begleitete. Zu sehr von seiner Gesundheit besessen, seinem Wohlergehen, war sie, wie ich inzwischen denke, zu sehr willens, uns für ihn zu opfern. Auf diese Weise hinterließ sie uns das Erbe seiner Abhängigkeit, die nach ihrem Tod eine so harsche Bürde wurde. Es wäre für unsere Beziehung besser [gewesen], hätte sie ihn sich selbst überlassen. Aber viele Jahre lang machte sie seine Gesundheit zum Fetisch; und auf diese Weise –

und ohne zu berücksichtigen, welche Auswirkung das auf uns hatte – überforderte sie sich selbst und starb mit neunundvierzig; während er weiterlebte, und es – so gesund war er – sehr schwer fand, mit zweiundsiebzig Jahren an Krebs zu sterben. Doch obwohl ich, immer noch einen alten Groll hegend, diesen Einschub einflechte, gab St Ives uns trotzdem jenes »reine Entzücken«, das ich in diesem Augenblick vor Augen habe. Die zitronenfarbenen Blätter der Ulme; die Äpfel im Obstgarten; das Flüstern und Rascheln der Blätter läßt mich hier innehalten und daran denken, wie viele nicht-menschliche Kräfte ständig auf uns einwirken. Während ich das hier schreibe, erglüht das Licht; ein Apfel nimmt ein leuchtendes Grün an; ich reagiere mit meinem ganzen Inneren; aber wie? Dann [schwatzt] eine kleine Eule unter meinem Fenster. Wieder reagiere ich. Bildlich gesprochen könnte ich das, was ich meine, durch ein schnappschußartiges Bild festhalten; ich bin ein durchlässiges Boot, das auf Empfindungen dahintreibt; eine empfindliche Platte, die unsichtbaren Strahlen ausgesetzt ist; und so weiter. Oder ich plage mich mit einer vagen Idee von einer dritten Stimme herum; ich rede mit Leonard; Leonard redet mit mir; wir hören beide eine dritte Stimme. Statt mich den ganzen Morgen damit abzumühen zu analysieren, was ich meine, herauszufinden, ob ich etwas Reales meine, ob ich erfinde oder die Wahrheit sage, wenn ich mich selbst dabei beobachte, wie ich den Atem dieser Stimmen in meine Segel aufnehme und mal in dieser, mal in jener Richtung durchs tägliche Leben kreuze, indem ich mich ihnen überlasse, stelle ich einfach nur die Existenz dieses Einflusses fest; vermute, daß er von großer Bedeutung ist; kann nicht herausfinden, wie ich seine Einwirkung auf andere Leute prüfen soll […] – ich errichte an dieser Stelle einen Wegweiser, um eine Ader zu kennzeichnen, die ich irgendwann zu ergründen versuchen werde; und kehre an die Oberfläche zurück; das heißt, nach St Ives.

Der übliche Sonntagsspaziergang führte uns zum Trick Robin, oder, wie Vater ihn nannte, Tren Crom. Von oben konnte man die beiden Meere sehen, St Michael's Mount auf der einen Seite; den Leuchtturm auf der anderen. Wie alle Berge in Cornwall war er mit Granitblöcken übersät; von denen es hieß, manche seien alte Gräber oder Altäre; in manche waren Löcher hineingetrieben, wie für Torpfosten. Andere waren übereinandergeschichtete Felsen. Der Wagstein befand sich oben auf dem Tren Crom; wir versetzten ihn in Schwingung; und uns wurde gesagt, die Mulde in der rauhen, flechtenüberwachsenen Oberfläche sei vielleicht für das Blut der Opfer bestimmt gewesen. Aber Vater mit seiner strikten Wahrheitsliebe glaubte das nicht; er sagte, seiner Meinung nach sei dies kein echter Wagstein; sondern eine natürliche Anordnung gewöhnlicher Felsen. Kleine Pfade führten den Berg hinauf, zwischen Glocken- und Besenheide; und unsere Knie wurden vom Ginster zerstochen – dem leuchtendgelben Ginster mit seinem süßen, nussigen Duft. Ein anderer Spaziergang, ein kurzer Kinderspaziergang, führte nach Feenland, wie wir diesen einsamen Wald nannten, der von einer breiten Mauer umgeben war. Wir liefen oben über die Mauer und sahen hinab in einen Wald aus Eichen, und großen Farnen, höher als unsere Köpfe. Er roch nach Galläpfeln; er war dunkel, feucht, still, geheimnisvoll. Ein längerer, ein abenteuerlicher Spaziergang führte zum Halestown Bog. Wieder korrigierte Vater uns; wir sagten Helston Bog dazu; der richtige Name lautete Halestown. In diesem Torfmoor sprangen wir von Bulte zu Bulte; und die Bulten gaben schmatzende Geräusche von sich, und wir versanken bis zu den Knien in braunem Moorwasser. Dort wuchs die Osmunda, der Königsfarn; und der seltene Frauenhaarfarn. [...]

Galläpfel, Farne mit Sporenhäufchen auf der Unterseite, die Regatta, Charlie Pearce, das Klicken des Gartentors, die Ameisen, die über die heiße Vortreppe schwärmten; Tapeziernägel kaufen; segeln; der Geruch von Halestown Bog; süße Brötchen mit Cornish Cream zum Tee im Farmhaus in Trevail, der Grund des Meeres, der während der Unterrichtsstunden die Farbe wechselte; der alte Mr Wolstenholme in seinem Korbsessel; die getüpfelten Ulmenblätter auf dem Rasen; das Krächzen der Saatkrähen, wenn sie am frühen Morgen über das Haus hinwegflogen; die Escalloniablätter, die ihre graue Unterseite zeigten: der Bogen in der Luft, wie ein Orangenschnitz, als das Pulvermagazin in Hayle in die Luft flog; das Heulen der Boje – das alles fällt mir im Augenblick aus irgendeinem Grund beim Gedanken an St Ives als erstes ein –, ein unzusammenhängender, buntgemischter Katalog, kleine Korken, die ein versenktes Netz markieren.

Und um dieses Netz, ohne den Inhalt zu sortieren, ans Ufer zu ziehen, um ein Ende zu machen, wo es nichts dergleichen gibt, füge ich hinzu: zwei oder drei Jahre vor Mutters Tod (also 1892-3-4) erreichten ominöse Hinweise das Kinderzimmer, daß die Erwachsenen davon sprachen, St Ives aufzugeben. Die Entfernung war eine Belastung geworden; inzwischen hatten George und Gerald Arbeit in London angenommen. Andere Ausgaben, Thobys Schule, Adrians Schule, wurden dringender. Und dann tauchte genau gegenüber unserem Ausguck ein großes, viereckiges, haferschleimfarbenes Hotel auf, als wir im Juli kamen. Meine Mutter sagte, mit ihren dramatischen Gesten, die Aussicht sei verdorben; St Ives würde ruiniert. Aus all diesen Gründen erschien also eines Oktobers das Schild eines Häusermaklers in unserem Garten, und da es aufgefrischt werden mußte, durfte ich einige der Buchstaben ausmalen – Zu Vermieten – aus einem Topf Farbe. Die Freude des Malens mischte sich mit der Furcht vor dem Weggehen. Aber einen oder zwei Sommer kamen keine Mieter. Die Gefahr, hofften wir, war gebannt. Und dann starb Mutter im Frühjahr 1895. Vater entschied auf der Stelle, daß er St Ives niemals wiedersehen wolle. Und vielleicht einen Monat später fuhr Gerald allein hin; arrangierte den Verkauf unseres Pachtvertrags an Leute namens Millie Dow, und St Ives verschwand für immer.

(Aus: »Skizze der Vergangenheit«, in: *Augenblicke des Daseins*)

London – Kensington Gardens

Unser Leben war mit großer Einfachheit und Regelmäßigkeit geordnet. Es scheint sich in zwei große Bereiche aufzuteilen, die nicht mit Ereignissen überfüllt, aber in mancher Hinsicht weitaus natürlicher waren als alles, was darauf folgte; denn unsere Pflichten waren sehr klar und unsere Vergnügungen absolut angemessen. Die Welt gab uns alle Befriedigung, die wir verlangten. *Ein* Bereich wurde im Inneren des Hauses verbracht, in Salon und Kinderzimmer, der andere in Kensington Gardens. […] Es gab Gerüche und Blumen und Herbstblätter und Kastanien, mittels derer man die Jahreszeiten unterschied, und alle enthielten unzählige Assoziationen, und die Macht, das Gehirn binnen einer Sekunde zu überfluten. Es gab lange Sommerabende mit weißen Nachtfaltern allüberall; und helle Winterabende, an denen das Feuerholz zurechtgeschnitten werden konnte.

(Aus: »Reminiszenzen«, in: *Augenblicke des Daseins*)

Ich kann Kensington Gardens nicht so sehen, wie ich sie als Kind sah, weil ich sie erst vor zwei Tagen sah – an einem kalten Nachmittag, alle Kirschbäume geisterhaft im kalten gelben Licht eines Hagelschauers. Ich weiß, daß sie 1890, als ich sieben war, sehr viel größer waren als jetzt. Zum einen waren sie nicht mit dem Hyde Park verbunden. Jetzt gehe ich vom einen zum anderen. Wir fahren in unserem Auto; und lassen es am neuen Kiosk stehen. Aber damals gab es den Broad Walk, den Round Pond, und den Flower Walk. Damals – ich will versuchen, zum Damals zurückzugehen – gab es zwei Tore, eines gegenüber der Gloucester Road, das andere gegenüber Queen's Gate. An jedem Tor saß eine alte Frau. Die alte Frau auf der Queen's-Gate-Seite war eine schmale, abgezehrte Gestalt mit ziegenähnlichem Gesicht, gelb und pockennarbig. Sie verkaufte Nüsse und Schnürsenkel, glaube ich. […] Die andere alte Frau war rund und gedrungen. An ihr befestigt war ein ganzer schwankender Pulk aus Luftballons. Sie hielt diese wabernde, immer bewegte, überaus begehrenswerte Masse an einer einzigen Schnur. In meinen Augen leuchteten sie immer rot und violett, wie die Blume, die meine Mutter trug; und sie waberten immer in der Luft. Für einen Penny löste sie einen aus der schwellenden weichen Masse, und ich tanzte damit davon. Auch sie trug ein Tuch, und ihr Gesicht war runzlig, so wie die Luftballons im Kinderzimmer runzlig wurden, wenn sie das Nachhausebringen überlebten. […] Anemonen, die blauen und violetten Sträuße, die heutzutage verkauft werden, erinnern mich immer an jenes wogende Gebilde aus Luftballons vor dem Tor von Kensington Gardens.

Dann gingen wir den Broad Walk hinauf. Der Broad Walk hatte eine Besonderheit – wenn wir nach der Rückkehr aus St Ives den ersten Spaziergang dort machten, zogen wir immer über ihn her; er war überhaupt kein Hügel, sagten wir. Allmählich, wenn die Wochen vergingen, wurde der Hügel immer steiler und steiler, bis er im Sommer wieder ein Hügel war. Der Sumpf – wie wir das ziemlich heruntergekommene Gelände hinter dem Flower Walk nannten – besaß für Adrian und mich zumindest den Glanz der Vergangenheit. Als Nessa und Thoby sehr klein waren, will ich damit sagen, war er, so erzählten sie uns, ein richtiger Sumpf gewesen; sie hatten dort ein Hundeskelett gefunden. Und er mußte mit Schilf überwachsen und voller Tümpel gewesen sein, dachten wir, denn wir glaubten, daß der Hund ausgehungert und ertränkt worden war. Zu unserer Zeit war er trockengelegt worden, obwohl er nach wie vor matschig war. Aber für uns besaß er immer eine Vergangenheit. Und natürlich verglichen wir ihn mit dem Halestown Bog bei St Ives. Mit dem Halestown Bog, wo der Königsfarn wuchs; und jene dicken Farne mit den knolligen Wurzeln, in die Bäume eingezeichnet waren, wenn man sie quer durchschnitt. Ich brachte jeden Herbst welche mit nach Hause, um Ständer für Federhalter daraus zu machen. Es war ganz natürlich, Kensington Gardens immer mit St Ives zu vergleichen, natürlich immer zum Nachteil von London. Das war eine der Freuden dabei, die Muscheln zu zermalmen, mit denen der Flower Walk hin und wieder bestreut war. Sie hatten kleine Rippen, wie die Muscheln am Strand. Andererseits war der Krokodilbaum er selbst; und er steht immer noch da – der Baum auf dem Pfad zum Speke Monument; bei dem eine große Wurzel freiliegt; und die Wurzel ist poliert, teils durch die Reibung unserer Hände, denn wir kletterten immer darauf herum.

Beim Gehen erfanden wir Geschichten, um die Langeweile unzähliger Winterspaziergänge zu vertreiben, lange lange

Geschichten, die an derselben Stelle wieder aufgenommen und abwechselnd von jedem von uns weitergesponnen wurden. [...] Spaziergänge in Kensington Gardens waren langweilig. Nicht-Sein machte einen großen Teil unserer Zeit in London aus. Die Spaziergänge – zweimal täglich in Kensington Gardens – waren so monoton. Was mich anging, waren diese Jahre dick von Nicht-Sein überzogen. Vorbei am Thermometer gingen wir – manchmal war es unter dem kleinen Gefrierpunktbalken, aber nicht oft, außer im harten Winter 1894-95, als wir jeden Tag Schlittschuh liefen; als ich meine Uhr fallen ließ und der ungehobelte Mann sie mir zurückgab; und Geld wollte; und eine freundliche Dame ihm drei Kupfermünzen anbot; und er sagte, er nehme nur Silber; und sie schüttelte den Kopf und zog sich zurück – vorbei am Thermometer gingen wir, vorbei am Torhüter in seiner grünen Uniform und seinem mit goldenen Litzen besetzten Hut, den Flower Walk hinauf, um den Teich herum. Natürlich ließen wir Boote schwimmen. Es war ein großer Tag, als mein cornischer Logger perfekt bis in die Mitte des Teichs segelte und dann vor meinen Augen, zu meiner Verblüffung, plötzlich sank; »Hast du das gesehen?« rief mein Vater und kam mit großen Schritten auf mich zu. Wir hatten es beide gesehen und waren beide verblüfft. Um das Wunder komplett zu machen, ging ich viele Wochen später im Frühling am Teich entlang, und ein Mann in einem Flachboot säuberte den Teich von Entengrün, und zu meiner unsäglichen Aufregung förderte er meinen Logger in seinem Schleppnetz zutage; und ich sagte, er gehöre mir; und er gab ihn mir, und ich rannte nach Hause, um diese wundersame Geschichte zu erzählen. Und meine Mutter nähte neue Segel; und mein Vater takelte ihn auf, und ich erinnere mich, daß ich zusah, wie er nach dem Dinner die Segel an der Rah befestigte; und wie interessiert er war, und wie er mit seinem kleinen Schnauben, halb lachend, etwas sagte wie »Absurd – wieviel Spaß das hier macht!«

Ich könnte sehr viele weitere auftauchende Vorfälle sammeln – Szenen in Kensington Gardens; wie wir, wenn wir einen Penny hatten, zum weißen Haus beim Palast gingen und Süßigkeiten bei der Frau mit dem glatten Gesicht und den rosigen Wangen und dem grauen Baumwollkleid kauften, die damals dort ein Süßwarengeschäft führte; wie wir an einem bestimmten Tag der Woche *Tit-Bits* kauften und die Witze lasen – ich mochte die Leserbriefe am liebsten –, während wir auf dem Rasen saßen und unsere Schokolade in »Frys« brachen, wie wir dazu sagten, denn ein Pennytäfelchen war in vier Teile geteilt; wie wir, als wir mit unserem Go-Cart um eine scharfe Kurve rasten, mit einer Dame zusammenstießen, und ihre Schwester uns fürchterlich ausschimpfte; wie wir Shag an ein Geländer banden und ein paar Kinder dem Parkwächter sagten, wir seien grausam – aber damals waren diese Geschichten nicht sehr aufregend; obwohl sie eine Unterbrechung der ewigen Runden durch Kensington Gardens darstellten. [...]

Wenn ich also auf Kensington Gardens zurückblicke, kann ich zwar Vorfälle zurückholen, viel mehr, als ich die Geduld habe zu beschreiben, aber nur dann und wann kann ich die Schärfe, die Proportionen der äußeren Welt zurückholen. Mir scheint, ein Kind muß einen merkwürdigen Blickwinkel haben; es sieht einen Luftballon oder eine Muschel mit extremer Deutlichkeit; ich sehe immer noch die Luftballons, blau und violett, und die Rippen der Muscheln; aber diese Punkte sind von riesigen, leeren Räumen umschlossen.

***

[I]ch erinnere mich, wie ich um diese Zeit [1895, nach dem Tod der Mutter] ins Kensington Gardens war. Es war ein heißer später Frühlingsnachmittag, und wir – Nessa und ich – legten uns ins hohe Gras hinter dem Flower Walk. Ich hatte *The Golden Treasury* bei mir. Ich schlug es auf und fing an, irgendein Gedicht zu lesen. Und plötzlich und zum ersten Mal verstand ich das Gedicht (welches es war, habe ich vergessen). Es war, als sei es völlig verständlich geworden; ich hatte ein Gefühl der Transparenz in den Wörtern, wenn sie aufhören, Wörter zu sein, und so intensiv werden, daß man sie zu erfahren scheint; sie vorhersagen kann, als entwickelten sie, was man bereits fühlt. Ich war so erstaunt, daß ich versuchte, das Gefühl zu erklären. »Man scheint zu verstehen, worum es geht«, sagte ich unbeholfen. Ich vermute, Nessa hat es vergessen; niemand hätte nach dem, was ich sagte, das eigenartige Gefühl verstehen können, das ich in dem heißen Gras hatte, daß Dichtung wahr würde. Und auch das vermittelt dieses Gefühl nicht. Es entspricht dem, was ich manchmal empfinde, wenn ich schreibe. Die Feder nimmt die Witterung auf.

(Aus: »Skizze der Vergangenheit«, in: Augenblicke des Daseins)

II.

»Alles ist ruhig und zutiefst wohltuend«
DER EIGENE GARTEN

Asheham House/Rodmell (1913-1919)

Im großen und ganzen aber, und trotz des Regens, gibt es nichts Schöneres als diesen Ort hier. Wir kämpfen mit dem Garten. Er strotzt vor Unkraut, mit Wurzeln, die einen Meter lang sind, und zuguterletzt mußten wir einen riesigen Graben ausheben, ihn mit Holz und Stroh füllen, Erde daraufhäufen, und das Ganze anzünden, in der Hoffnung, die Nesseln auszubrennen. Nachdem wir 6 Stunden gegraben und geschleppt hatten, bis der Schweiß nur so an uns herunterrieselte und die Bauerntölpel sich vor Lachen über uns ausschütten wollten, kippten wir einen Kanister Kerosin darüber und steckten das Ganze an – als ein Sturm losbrach, und das Feuer löschte, die Erde durchnäßte, so daß wir jetzt wieder von vorne anfangen müssen. Außerdem bauen wir die Terrasse um und bekämpfen Maulwürfe Kaninchen und geheimnisvolle Blumenkrankheiten, die Tulpen attackieren, so daß sie nie aufgehen. Du *mußt* herkommen, und Ratschläge geben. Wirst Du?

An Violet Dickinson, 11. April 1913

Sehr schöner warmer Tag. (Bankfeiertag). Klänge einer Musikkapelle in Lewes von den Downs. Hörten hin und wieder Kanonen. Stiegen den Höhenrücken von hinten hoch. Fanden viele Pilze. Mengen von Schmetterlingen. Labkraut, kugelköpfige Rapunzel, Thymian, Majoran. Sahen einen grau aussehenden Habicht – nicht den gewöhnlichen rotbraunen. Ein paar Pflaumen am Baum. Wir haben angefangen, Äpfel zu kochen.   *Tagebuch, 6. August 1917*

Fuhren nach Lewes [...]. Kauften 1 Dtzd. Lilienwurzeln & einige rotblättrige Pflanzen, die ins große Beet gepflanzt wurden.   *Tagebuch, 18. August 1917*

Wieder sehr warm & windig. Distelflaum wird durch das Haus geweht & ganz dick übers Feld. [...] Zwei Mähmaschinen, mit je 3 Pferden, mähten das Getreide auf dem Feld auf der anderen Straßenseite. Mähten immer in die Runde: waren mit dem letzten Stück gegen 5 fertig. Getreide schon gemäht & aufgestellt auf den Feldern jenseits des Flusses. Essen Kartoffeln aus dem Garten. Heute war ein Fliegerangriff. Ramsgate.   *Tagebuch, 22. August 1917*

Beim Aufwachen war das Haus von Nebel umgeben. Wir haben ihn nachts auf den Wiesen gesehen. Es klärte sich auf & wurde ein herrlicher Tag, fast ohne Wind. Am Nachmittag fingen wir an, unsere Äpfel zu pflücken; ich die niedrigeren & L. die höheren, auf einer Leiter vom Hof.
                              Tagebuch, 4. September 1917

Wieder ein sehr schöner Tag, obwohl ganz herbstlich jetzt. Die Saatkrähen lassen sich auf den Bäumen nieder & machen einen großen Lärm am frühen Morgen. Ein paar Walnüsse reif. Dahlien ganz aufgegangen im Beet. Bäume jetzt so kahl, daß ich den Briefträger durch sie hindurch sehen kann oben auf dem Hügel. Klee auf dem Feld gegenüber ist gemäht worden & liegt auf dem Feld. Immer noch steht etwas Korn drüben auf den Downs. Saßen auf der Terrasse nach dem Lunch: L. arbeitete im Garten. *Tagebuch, 22. September 1917*

Große rote Sonne versinkt gegen 6. L. sagt, die Saatkrähen kamen & pickten heute morgen Walnüsse vom Baum – sah eine, die mit Walnuß im Schnabel davonflog. Er hat die Japanischen Anemonen etc. in die vorderen Beete gepflanzt, auf die Terrasse & in den Garten hinten. Wir wollen das große runde Beet aufgeben. *Tagebuch, 29. September 1917*

Noch ein schöner Tag. Fingen heute nachmittag an mit dem Weg im Garten, um den eine Mauer läuft, & mit dem Blumenbeet daneben. Wir machen den Weg mit Kopfsteinen aus der Mauer & arbeiten den alten Zement mit ein. Macht großen Spaß & sieht schon jetzt sehr hübsch vom Wohnzimmer aus. *Tagebuch, 2. Oktober 1917*

Kein so schöner Tag. Wind kam auf, & es bewölkte sich. Doch die Fliegerangriffe sollen gestoppt werden. Arbeiteten den ganzen Nachmittag am Gartenweg. Pflanzten etwas Goldlack, Margueriten, Fingerhut. *Tagebuch, 3. Oktober 1917*

Hier sind wir; Abend; vor einer Stunde bin ich aus Asheham, oder genauer gesagt aus Charleston, zurückgekehrt. [...] Zweifellos entwickelt der Landaufenthalt die spirituelle Seite des Lebens. Eines Tages saß ich im Garten und las Shakespeare; ich erinnere mich an das ekstatische Gefühl: mindestens jeden zweiten Tag mußten wir nach Southease gehen um Milch zu holen; es stand uns nur ein Quart am Tage zu – 7 Pence das Quart. Der Garten sieht vielversprechend aus. L. grub das große Blumenbeet um & versetzte Pflanzen aus dem Rondell in der Mitte in unser Beet längs dem Wege. Die Knospen an den Bäumen sind schon zu sehen; Schafe in den Hürden an den Flanken der Hügel. Während 9 unserer 10 Tage sahen wir niemanden; sogar meine Briefe blieben fast völlig aus; aber die Tage schmolzen ineinander wie Schneebälle, die in der Sonne braten.

Tagebuch, 2. März 1918

Die Biene & die Blüte gab es in einem ganz unmetaphorischen Sinn in Asheham. Wieder einmal ist meine Erinnerung am stärksten zentriert auf einen Nachmittag, den ich im Garten lesend verbrachte. Wie der Zufall es wollte, las ich Wordsworth; das Gedicht, das endet, »was hat der Mensch aus dem Menschen gemacht«. Die Narzissen blühten und die Geschütze waren vermutlich von den Downs zu vernehmen. Selbst für mich, für die nichts direkt auf dem Spiel steht, & die die Bedeutung von dem, was vor sich geht, von sich weist, hatten diese besonderen Sonnentage eine eigenartige Blässe. Natürlich liegt im Frühling immer eine gewisse Traurigkeit –

Tagebuch, 5. April 1918

Den ganzen Tag Regen bis zu diesem Augenblick, wo es strahlend schön geworden ist. Pflaumen blühen im Garten & die Blumen sehen sehr gesund aus. *Tagebuch, 6. April 1918*

Es war eine solche Hitze, daß es unerträglich war, vor dem Tee spazieren zu gehen; wir saßen im Garten, ich las träge, L. saß nicht, sondern machte Gartenarbeit. Wir erlebten das großartigste Aufsprießen der Blumen, das wir je gesehen haben – Goldlack in Hülle & Fülle, Akelei, Phlox, & als wir abfuhren riesige scharlachrote Mohnblumen mit purpurfarbenen Flekken innen. Sogar die Pfingstrosen fast schon aufgeblüht. An einer Mauer war ein Amselnest. Die letzte Nacht in Charleston lag ich bei offenem Fenster & hörte eine Nachtigall, die in der Ferne begann & sehr nah an den Garten herankam. Fische plätscherten im Teich. Der Mai in England ist wirklich so wie man sagt – so üppig, verliebt & schöpferisch.

Tagebuch, 28. Mai 1918

Es ist nicht das Wetter, um sich am Kaminfeuer niederzulassen & es sich gemütlich zu machen. In der Tat bereitet mir das Lesen gewisse Schwierigkeiten. Die Fenster stehen beide offen; die Nachbarskinder spielen im Garten; das übliche Gesinge ertönt aus dem Zimmer der Gesangslehrerin über der Waschküche; die Vögel singen laut in den Bäumen. Ich möchte grasbedeckte Räume durchstreifen. Es ist unmöglich, sich zu konzentrieren.

Tagebuch, 6. Juni 1918

In Asheham angekommen. Ich sitze wie unter freiem Himmel – da der Salon in der intensiven Hitze nur eine Hülse von Schatten abgibt. Die Luft tanzt über dem Feld; & der Rauch vom Bauernhof vermischt sich auf den Wiesen mit dem Dunst. Der Garten ist überwuchert, & die Blumen zertreten. Doch schneidet L. in diesem Augenblick unsere Bohnen fürs Abendessen.

Tagebuch, 31. Juli 1918

Das gute Wetter hat nicht angehalten. Gestern war ein so nasser Tag wie er in England oft vorkommt. Fast immer ist der Nachmittag in England trocken; & das war er auch mehr oder weniger. Am Abend gingen wir auf Pilzsuche & fanden ein Taschentuch voll. So hat also eine unserer großen Vergnügungen wieder begonnen. Eine reife Brombeere fanden wir auf der Höhe. Als ich im Grase lag, hoppelte ein Hase an mir vorbei. Vielleicht sind wir ganz zufrieden, nun doch allein zu sein.

Heute besseres Wetter, obwohl ein schwarzer Himmel ungefähr das Häßlichste in der Natur ist. L. nach Lewes. Er ging, um ein Paket vom New Statesman abzuholen, das nicht da war. Ich längs M.s Weg & über die Höhe. Mein Bericht kann nur von Käfern & Schmetterlingen handeln. Ein Sonnenstrahl bringt eine Unzahl von braunen Heidlingen [Fidonia atomaria] hervor. Über Newhaven schwebte ein Luftschiff, & als der Himmel eine Zeitlang blau wurde, war es das Meer auch. Die Vorstellung von all dem blendenden Blau, das in Sicherheit hinter den Wolken lodert, schien mir merkwürdig; & wie ein Strahl auf die Erde sie völlig verwandelt. Ich muß Pilze sammeln gehen, da die Sonne scheint.

Tagebuch, 3. August 1918

Die Sonne ist schwächer aber sehr klar, & die Luft perlend, jetzt wo der August vorbei ist. Auch die Farben auf den Bäumen werden blankpoliert. Die Schatten scheinen leichter & blasser. Niemand könnte den 3. September mit dem 31. August verwechseln. *Tagebuch, 3. September 1918*

Gestern nacht haben wir unsere Uhren umgestellt. Also ist die düstere Winterzeit vorbei, was ich halb bedauere, denn die dunklen Abende am Kamin haben ihren Charme. Außerdem, wenn ich jetzt aus dem Fenster blickte, würde ich Schnee im Garten sehen. Gestern früh blendete mich der Glanz des Weiß auf Bäumen & Dächern geradezu, als ich die Vorhänge wegzog, auch wölbte sich ein strahlend blauer Himmel darüber, sanft wie im Juni; aber trügerisch sanft, denn draußen wurde man von einem bitterkalten Ostwind gepeitscht, & ich habe den ganzen Winter nicht so gefroren. Die Kälte, die einem ins Gesicht schlägt & an den Beinen heraufwirbelt, ist viel grausamer & zermürbender als ein ruhiger starker Frost. Die Mandelblüte ist völlig verschwunden, wie Aschenputtel, als die Uhr schlug.

Tagebuch, 30. März 1919

Aber Asheham, als wollte es sich unsere Loyalität sichern, strömte seinen üblichen Charme aus. Es steht Charleston in nichts nach; in der Tat bin ich kein einziges Mal hierher zurückgekehrt ohne darüber zu staunen, wie eine Vollkommenheit sich an die andere reiht. Dieses Mal verbrachten wir den größten Teil des Tages im Hause, wegen des Wetters. L. verließ den Garten kaum. Ein Spaziergang nach Southease, ohne warm genug gekleidet zu sein, war bitter kalt. Ich schaffte es aber nach Charleston; [...] schlief nachts im Zimmer im Erdgeschoß, in dem ich letztes Jahr ungefähr um diese Zeit die Nachtigallen singen hörte, & die Fische platschten im Teich, weiße Rosen klopften ans Fenster [...].

Tagebuch, 7. Mai 1919

Diese schwärmenden heißen Sommertage scheinen die menschlichen Lebensenergien ebenso anzuregen wie die der Pflanzen. Man wird eine Blume, die Honig absondert, auf dem sich die Freunde in Trauben niederlassen – so jedenfalls sehe ich die Verhältnisse. [...] In der letzten Woche haben wir angefangen, das Dinner im Garten einzunehmen, & so saßen wir an einem makellosen Sommerabend draußen, die Apfelbäume sanft mit Blüten beschneit & mit einem Mond am Himmel.

Tagebuch, 16. Mai 1919

Eine merkwürdige Sache ist mir in Asheham passiert, wo ich darauf zähle, klarer zu werden & konzentrierter, & Gedrucktes wie durch ein Vergrößerungsglas zu lesen. Genau das Gegenteil passierte. Ich döste & träumte vor mich hin & hatte das Gefühl, daß die Sonne in meinem Gehirn alle meine Gedanken zum Ausruhen in den Schatten schickte. Ich schreibe dort an einem offenen Fenster, das aufs Feld hinausschaut; & das Feld war golden von Butterblumen; die Schafe waren verführerisch in ihrer Gleichgültigkeit; kurzum, meistens war der Morgen vorbei & nur ein paar Zeilen geschrieben [...].

Tagebuch, 9. Juni 1919

Das Wetter scheint unerschütterlich. Ein Rittersporn ist heute im Garten aufgegangen & eine Bartnelke; man sah Lottie das Gras mit einem Kaminfeger bürsten, als würde sie das Fell eines Haustieres pflegen. Die Erdbeerernte soll verdorben sein. Das ist eine ernste Angelegenheit für uns, da wir gerade für 60 Pfund Zucker gekauft haben & ein großes Marmeladekochen veranstalten wollten. Erdbeeren kosten zur Zeit 2 Shilling das Pfund.

Tagebuch, 14. Juni 1919

Monks House/Rodmell (1919-1941)

Unumstößliche Tatsache ist, daß wir zusätzlich zu dem Round House Besitzer von Monks House in Rodmell sind, mit einem dreiviertel Acre Land. Monks House (dies ist fast das erste Mal, daß ich einen Namen schreibe, den ich hoffentlich viele tausend Male schreiben werde, bevor ich ihn satt habe) gehört uns auf immer. Es ist folgendermaßen passiert. Als wir am vergangenen Donnerstag die steile Straße vom Bahnhof hinaufgingen, um das Round House zu besichtigen, lasen wir beide ein Plakat, das an der Mauer des Auktionshauses befestigt war. Grundstück l, Monks House, Rodmell. Ein altmodisches Haus inmitten von dreiviertel Acre Land bezugsbereit zu verkaufen. Der Verkauf würde am Dienstag sein, stellten wir fest; im White Hart Hotel. »Das wäre genau das Richtige für uns gewesen« sagte L., als wir vorbeigingen, & ich, loyal gegenüber dem Round House, murmelte etwas über die Nachteile von Rodmell, schlug aber trotzdem einen Besuch dort vor; & so gingen wir weiter. Ich glaube, eine Spur von Antiklimax war auf meinen ziemlich überschwenglichen Optimismus gefolgt; jedenfalls schien das Round House nicht mehr so strahlend & unübertrefflich, als wir es als Besitzer inspizierten. Leonard schien mir ein wenig enttäuscht, wiewohl gerecht & sogar sehr bereit, die Vorzüge zu sehen. Der Tag war nicht sonnig. Die Schlafzimmer waren sehr klein. Der Garten kein Bauerngarten. Auf jeden Fall schien es angezeigt, einen Besuch in Rodmell am nächsten Tage ins Auge zu fassen. Ich radelte hinüber gegen einen starken kalten Wind. Dieses Mal beglückwünschte ich mich dazu, daß ich meinen Optimismus im Zaum halten konnte. »Diese Zimmer sind klein, sagte ich mir; man muß den Wert dieses alten Kamins & der Weihwassernischen in Abrechnung stellen. Mönche sind nichts Außergewöhnliches. Die Küche ist in ausgesprochen schlechtem Zustand. Es gibt einen Ölofen & keinen Rost. Weder gibt es heißes Wasser, noch ein Badezimmer, & was die Außentoilette betrifft, mir ist keine gezeigt worden.« Diese sorgfältigen Einwände hielten die Aufregung in Schach; doch mußten auch sie schließlich einem tiefen Wohlgefallen an der Größe & Form & Fruchtbarkeit & Wildheit des Gartens weichen. Es schien unendliche Mengen von Obstbäumen zu geben; die

Pflaumen wuchsen so dicht, daß ihr Gewicht die Zweigspitzen niederdrückte; unerwartete Blumen sprossen zwischen den Kohlköpfen. Da gab es gepflegte Reihen von Erbsen, Artischocken, Kartoffeln; Himbeerbüsche trugen kleine blasse Fruchtpyramiden; & ich stellte mir einen Spaziergang durch den Obstgarten unter den Apfelbäumen sehr angenehm vor, mit dem grauen Blitzableiter des Kirchturms vor Augen, der mir meine Grenze anzeigte. Andererseits gibt es keine sehr gute Aussicht – Oh, aber ich habe den gewalzten Rasen vergessen, der leicht hügelan steigt, dazu windgeschützt ist, eine Zuflucht bei Kälte & Sturm; & ein großes Tongefäß thront dort, wo der Weg sich gabelt, von einem Schopf purpurfarbenem Quellkraut gekrönt. *Ein* Gefäß, nicht zwei. Monks House hat wenig Zeremonielles oder Ausgetüfteltes. Es ist ein unprätentiöses Haus, lang & niedrig, ein Haus mit vielen Türen; auf der einen Seite an die Straße von Rodmell grenzend, & an dieser Seite holzverschalt, obwohl die Straße von Rodmell an unserem Ende nicht viel mehr als ein Weg für Fuhrwerke ist, der auf die flachen Sumpfwiesen hinausführt. Es gibt, wenn ich mich recht erinnere, nicht weniger als drei große Nebengebäude verschiedener Art, & einen Stall; & ein Hühnerhaus – & die Gerätschaften eines Getreidespeichers, & einen Schuppen voll alter Eichenbohlen; & einen weiteren mit Erbsenstangen; aber unser Obst & Gemüse würde jeden Sommer in diese Behälter überquellen, heißt es, & müsse verkauft werden; obwohl es trotz seines reichen Wachstums freundlicherweise der Pflege nur eines alten Mannes bedürfe, der ein Herz von Gold habe & der, seit 40 Jahren glaube ich, seine Freizeit damit verbringe, diese Bäume für den verstorbenen Mr Jacob Verrall zu pflegen – Das alles schuf ein heiteres Durcheinander in meinem Kopf, zusammen mit den Stapeln altmodischer Stühle & Tische, Gläser & Möbel, die jeden Zentimeter Platz in den Zimmern ausfüllen; ich kam nach Hause & erzählte meine Geschichte so ruhig wie ich nur konnte, & am nächsten Tage gingen L. & ich zusammen hin & inspizierten es gründlich. Es gefiel ihm mehr, als er je erwartet hätte. Er hat wahrlich die Veranlagung zu einem fanatischen Liebhaber dieses Gartens. Mir ist es auch sehr recht, über die Telscombe Downs loszuwandern, wenn das Wetter schön ist; oder längs dem Weg & über den Rasen zu schreiten, wenn es bedeckt oder windig ist. Kurzum, wir beschlossen auf dem Weg nach Hause es, wenn es geht, zu kaufen & das Round House zu verkaufen, was wir für möglich halten. Wir setzten uns achthundert als Obergrenze, was uns, laut Wycherley, ziemlich gute Chancen gab, es erwerben zu können. Die Versteigerung war am Dienstag. Ich glaube, daß es in meinem Leben nicht viele fünf Minuten gegeben hat, die so randvoll von gespannter Erwartung waren. Es war fast, als würde ich auf das Ergebnis einer Operation warten, während ich der Operation gerade zusehe. Der Saal im White Hart war gedrängt voll. Ich schaute mir jedes Gesicht an, & vor allem jedes Jackett & jeden Rock, nach Anzeichen von Wohlhabenheit; & war froh, als ich keine entdeckte. Aber dann dachte ich mir, als ich L. danebenstellte, er sieht auch nicht aus, als ob er £ 800 in der Tasche hätte. Einige der gewichtigen Bauern könnten sehr wohl die zusammengerollten Scheine in ihre Strümpfe gestopft haben. Das Bieten fing an. Jemand bot £ 300. »Kein Gebot«, sagte der Auktionator, den wir sofort uns gegenüber als lächelnden höflichen Widersacher sahen, »ein Anfang«. Das nächste Gebot war £ 400. Dann steigerten sie sich in Fünfzigern. Wycherley, der neben uns stand, schweigend & unbewegt, steuerte seinen Zug bei. Bei sechshundert kam man für mich zu schnell an. Kleine Momente des Zögerns stellten sich ein, wurden aber unangenehm schnell beigelegt. Der Auktionator stachelte uns an. Ich glaube, es waren sechs Stimmen, die sich meldeten, obwohl nach £ 600 4 von ihnen ausschieden & nur ein Mr Tattersall übrigblieb, der mit Mr Wycherley konkurrierte. Wir durften in Zwanzigern bieten; dann in Zehnern; dann in Fünfern, & immer noch unter £ 700, so daß unser letztendlicher Sieg sicher schien. Nachdem siebenhundert erreicht waren, entstand eine Pause; der Auktionator hob seinen Hammer, sehr langsam; hielt ihn ziemlich lange hoch erhoben; drängte & mahnte, während er ihn langsam auf den Tisch niedersinken ließ. […] & er schlug auf den Tisch, während wir ein Dankgebet losschickten – ich mit purpurroten Wangen & L. zitternd wie Espenlaub – *Tagebuch, 3. Juli 1919*

Wir werden im September umziehen; und dann wird unsere Adresse Monk's House, Rodmell, lauten: eine ziemlich gute Adresse; und das Haus wurde früher von Mönchen bewohnt, mit Nischen für das Weihwasser, und einem großen Kamin; aber das Beste daran ist der Garten. Ich werde Dir jedoch nichts darüber erzählen, denn Du mußt kommen und mit mir auf dem Rasen sitzen, oder im Apfelgarten spazierengehen, oder ernten – es gibt Kirschen, Pflaumen, Pfirsiche, Feigen, und dazu das ganze Gemüse. Das alles wird der Stolz unserer Herzen sein; ich warne Dich; und ich sehe schon, daß wir unseren Freunden viel zuviel reden.

An Janet Case, 23. Juli 1919

[U]nglücklicherweise sind Leute, die von London bis hierher kommen & 10 Meilen zu Fuß marschieren, nur um einen zu besuchen, fast immer Langweiler. Ich brachte sie gegen zehn auf ihren Weg & konnte einem dunklen Spaziergang durch den Garten nicht widerstehen. Die Verlockung flüstert ununterbrochen durch das Fenster – es ist so wohltuend auf den Rasen hinauszutreten, zum Geräteschuppen hinüberzugehen & am Tage einen Blick auf die Downs zu werfen & bei Nacht auf die Lichter von Lewes. Viel bleibt im Haus noch zu tun, obwohl die wichtigsten Vorkehrungen jetzt getroffen sind. Aber einige Tage lang wird man abgelenkt, weil die Gedanken ununterbrochen bei den Veränderungen rundum verweilen; es arbeitet sich dann mühsam. Aber das läßt langsam nach, obwohl ich dies schreibe, als würde ich mit meiner Feder einen Zentner hochstemmen statt der üblichen Anzahl von Gramm. Dennoch, wenn man all die Schwierigkeiten, Nachteile & Vorteile des Hauses zusammennimmt, ist das Ergebnis, finde ich, durchaus positiv. Der Gewinn ist eine viel größere Vielfalt hier; es gibt mehr Spazierwege & unendlich viel Interessantes im Garten, wiewohl nichts, das der makellosen Schönheit von Asheham entspräche.

Tagebuch, 7. September 1919

Die Downs ganz schwarz gegen das Scharlachrot & Gold, als ich nach Hause fuhr, anhielt & einen Blick auf Asheham warf, dessen Fenster offen standen, als wäre es bewohnt. […] Aber Monk's House versetzt einem einen angenehmen kleinen Schock, wenn man das Tor öffnet. […] Es hat sieben geläutet & es lockt mich, durch die Auen zu gehen. Ich wollte eigentlich etwas über diese absonderlichen geistigen Zustände sagen. Sie interessieren mich, selbst wenn ich davon betroffen bin. Und ich muß immer an den Ausspruch denken, daß man bei tiefster Ebbe einer wahren Vision am nächsten ist. Ich glaube, daß 9 von zehn Menschen keinen einzigen Tag im Jahr erleben, der so glücklich ist wie meine es fast ständig sind; jetzt wird auch mir einmal ihr Los zuteil.

Tagebuch, 13. September 1919

Heute haben wir unseren ersten Sonntagsspaziergang gemacht. Um der ungeheuren Anziehungskraft des Gartens etwas entgegenzusetzen, haben wir zwei Spaziergänge wöchentlich vorgesehen, sonntags & mittwochs. Heute gingen wir über die Downs in Richtung Kingston. Zum ersten Mal seit vielen Tagen war es bewölkt; ein Nordostwind, drohender Regen. Wir sahen das Meer bei Brighton & das Meer bei Eastbourne rechts & links von uns. Die Abhänge jenseits der Erhebung der Downs sind sehr schön; die Erhebung selbst ist ziemlich hoch, aber von Geländern durchzogen. Ich finde die Ausblicke auf dieser Seite imposanter als auf der anderen, obwohl die Downs selbst weniger beachtlich sind.

Tagebuch, 14. September 1919

Gestern gingen wir nach Asheham hinüber, plünderten die Pilze in der Senke & stiegen dann durch das Wohnzimmerfenster hinein. [...] Ich weiß nicht, ob es die eigene anpassungsbereite Gemütsverfassung war, die dem Ort einen etwas verschlossenen & trüben Anstrich gab, mit der riesigen Senke dahinter & dem weiten Ausblick zwischen den Bäumen an der Vorderseite. Ich fand diesmal, daß ihm die Vielfalt fehlte, & die Farbigkeit – aber ich vermute, das ist einer der Tricks der Phantasie. Jedenfalls wird Monks immer besser, in der Art einer Promenadenmischung, die sich einem ins Herz schleicht. Ich hätte eine Menge über den Garten zu sagen gehabt, nur ist die Verlockung, dort zu sein, anstatt ihn von innen zu beschreiben, zu groß, selbst für meine gefestigten Gewohnheiten.

Das Grün der Grasnarbe mit den Büscheln purpurfarbener japanischer Anemonen ist mir immer vor Augen. Wir haben winzige Samenkörner in das Vorderbeet gesät, im frommen oder religiösen Glauben, daß sie nächsten Frühling auferstehen werden als Clarkia, Pantoffelblume, Glockenblume, Rittersporn & Skabiose. Sollten sie das tun, werde ich sie nicht erkennen; wir pflanzen auf gut Glück, beflügelt von der Sprache der Samenhändler: wie hoch sie wachsen werden & leuchtend blaue Blütenblätter tragen. Dann ist da das Jäten. Daraus wird sehr bald, wie bei jeder Beschäftigung, ein Spiel. Damit meine ich (denn ich bin im Augenblick verfroren & unbeholfen – Kirchenglocken läuten, das Feuer fängt gerade an zu brennen, & der große Stamm, den wir zersägt haben, wird gleich in feurige Höhlen stürzen), daß man den Unkräutern bestimmte Eigenschaften zuschreibt. Das Schlimmste ist das feine Gras, das gewissenhaft ausgesiebt werden muß. Ich liebe es, dicke Löwenzahnpflanzen & Kreuzkraut mit der Wurzel auszureißen. *Tagebuch, 28. September 1919*

Heute ist unser letzter Abend. Wir sitzen am Kamin und warten auf Post – die Krönung des Tages, finde ich. Und doch hat hier jeder Teil des Tages sein Gutes – sogar das Frühstück ohne Toast. Egal wie er anfängt – er endet mit Pippinäpfeln; meistens scheint morgens die Sonne herein; wir frühstücken gutgelaunt zu Ende; & ich gehe über das frostrauhe Gras & den backsteinharten Erdboden in meine romantische Klause. [...]

Aber ich sollte die Zeit nicht mit einer Hauschronik verbringen; vielleicht habe ich mich nur faul vor der Beschreibung der wintrigen Hügel & Wiesen gedrückt – davor, festzuhalten, was mir bei jeder Wegbiegung den Atem raubt. Jetzt beispielsweise ist die Sonne herausgekommen & alle oberen Zweige der Bäume sind wie in Feuer getaucht; die Stämme smaragdgrün; sogar die Rinde hellgetönt & changierend wie die Haut einer Eidechse. Dann der Hügel von Asheham, rauchverhangen; die Fenster des langen Zuges Flecken aus Sonne; der Rauch legt sich an die Waggons wie die Ohren eines Kaninchens. Die Kreidegrube glüht rosa; & meine Feuchtwiese saftig wie im Juni, bis man sieht, daß das Gras kurz ist & rauh wie ein Hundshairücken. Aber ich könnte Seite um Seite weiter aufzählen, was mir aufgefallen ist. Jeden Tag oder fast jeden Tag bin ich an eine andere Stelle gewandert & zurückgekommen mit einer ganzen Serie solcher Übereinstimmungen & Wunder. Vom Haus aus ist man in fünf Minuten in der freien Natur, eine ziemliche Steigung über Asheham; & wie gesagt, jede Richtung lohnt sich. Einmal sind wir durchs Kornfeld gegangen & hinauf auf den Hügel – an einem trüben Sonntagnachmittag – die Straße voller Matsch, aber oben trocken. Das lange Hügelgras ausgebleicht & als wir uns den Weg hindurch bahnten, richtete sich vor uns ein Falke auf, der am Boden einer Spur zu folgen schien, als sei er mit etwas beschwert – an etwas festgebunden. Er ließ die Last fallen & erhob sich in den Himmel, als wir kamen. Wir fanden die Flügel eines Rebhuhns an einem blutenden Stumpf, denn der Falke war fast fertig mit seiner Mahlzeit. Wir sahen, wie er zurückkam, um seine Beute wiederzufinden. Weiter unten am Abhang eine große, weiße, ›wogende‹ Eule (denn so läßt sich die Art und Weise beschreiben, wie sie ein Netz um einen Baum webt – ihr federweiches Aussehen in der Dämmerung macht das Wort noch stimmiger) ›wogend in der Dämmerung‹ flog sie hinter die Hecke, als wir vorbeikamen. Dorfmädchen kehrten heim & riefen ihren Freunden in den Häusern etwas zu. So überqueren wir das Feld & den Kirchhof, finden unsere

Kohlen rot durchgeglüht, toasten das Brot – & der Abend kommt.

L. hat die meiste Zeit damit zugebracht, die Apfelbäume zu beschneiden & Pflaumenspaliere anzubringen.

Tagebuch, 7. Januar 1920

[A]n dieser Stelle muß ich breit & strahlend über den FRÜH-LING schreiben. Er ist gekommen. Er ist schon seit über zwei Wochen da. Noch nie hat ein Winter auf diese Art geschlafen – so wie ein Säugling, der am Daumen lutscht. Die Narzissen sind heraus; der Garten von dicken goldenen Krokussen über-sät; die Schneeglöckchen fast verblüht; die Birnbäume voller Knospen; Vogelgesang; Tage wie im Juni mit einer Spur Son-ne – der Himmel nicht nur bunt getüncht, sondern auch warm.

Tagebuch, 3. März 1920

Monks House beschreiben hieße fast literarisch schreiben, was ich jetzt nicht tun kann; weil wir diese Nacht nur mit Un-terbrechungen geschlafen haben & um 4 Uhr früh eine Maus aus L's Bett vertrieben haben. Die ganze Nacht über raschel-ten & schlichen die Mäuse herum. Dann kam ein Sturm auf. Der Fensterhaken kaputt. Der arme L. zum fünften Mal auf, um das Fenster mit einer Zahnbürste zu verkeilen. Ich sage also nicht, was wir in Monks alles vorhaben, obwohl ich den Blick über die Wiesen nach Caburn jetzt vor mir sehe; & die blühenden Hyazinthen & den Obstgartenweg. Dann al-lein zu sein – Frühstück in der Sonne – Post – keine Dienst-boten – wie schön all das ist! [...]

Den Frühling möchte ich gerne beschreiben; nur dieses eine notieren – daß man dieses Jahr kaum bemerkt, daß die Bäume wieder Laub tragen, weil es einem vorkommt, als hätten sie es nie völlig verloren – nie diese eiserne Schwärze der Kastanienstämme – immer etwas Weiches & Nuanciertes, wie ich es meiner Erinnerung nach nie zuvor gesehen habe. Eigentlich haben wir den Winter übersprungen; wir hatten eine mitternachtssonnenartige Jahreszeit; & kehren jetzt zum vollen Tageslicht zurück. Ich merke also kaum, daß die Kastanien blühen – die Schirmchen entfalten sich auf unserem Baum am Fenster; & das Friedhofsgras fließt über die alten Grabsteine wie grünes Wasser. *Tagebuch, 10. April 1920*

Seit einer Stunde vom Monks House zurück, es war unser erstes Wochenende dort – das idealste, wollte ich gerade sagen, aber wie kann ich wissen, was für Wochenenden wir dort noch verbringen werden? Die erste ungetrübte Freude am Garten, meine ich. Draußen sehr windig; drinnen sonnig & geschützt; & den ganzen Tag Unkraut gejätet & die Beete fertig gemacht, in einer eigentümlichen Art von Begeisterung, die mich dazu brachte zu sagen, das ist das Glück. Die Gladiolen stehen in Truppen da: der Pfeifenstrauch blüht. Die Küchenwand abgerissen. Wir waren bis 9 draußen, obwohl es ein kalter Abend war. Beide sind wir heute steif & überall zerkratzt; mit schokoladenbrauner Erde unter den Nägeln. *Tagebuch, 31. Mai 1920*

Indem ich die Gartentür öffne, vergrößere ich unseren Garten bis zum Mount Caburn. Dahin laufe ich bei Sonnenuntergang; wenn das Dorf beim Aufstieg auf den Hügel wie eine weihevolle Zufluchtsstätte aussieht, pathetisch, irgendwie emblematisch, auf jeden Fall sehr friedlich & menschlich, als würden die Menschen abends die Gesellschaft anderer Menschen suchen. *Tagebuch, 17. August 1920*

Heute ist unser letzter Tag; die Kisten mit den Äpfeln stehen offen da – dieses Buch ist aus Versehen nicht eingepackt worden, also nutze ich die Gelegenheit – Ja; zweifellos der bislang beste Sommer, obwohl das Wetter abscheulich war, kein Bad, eine Dienstbotin, & ein Klo, zu dem man sich durchs Gestrüpp schlängeln muß. Dieses Urteil unterschreiben wir beide. Das Haus ist bezaubernd, & obwohl ich in meinen Eifersuchtslaunen alle anderen Häuser ausgekundschaftet & genau untersucht habe, bin ich insgesamt der Ansicht, daß das hier das beste ist. Sogar die Stimmen der Schulkinder, wenn man sich vorstellt, es seien Mauersegler & Schwalben, die schrill pfeifend um die Dachrinnen fliegen, regen einen eher an als auf. Wir geben ihnen jetzt Äpfel, weisen ihre Pennies zurück & verlangen dafür, daß sie sich im Obstgarten zurückhalten.   *Tagebuch, 1. Oktober 1920*

Vor 3 Nächten hatten wir heftigen Sturm – genauer gesagt am Sonntag, dem 11. September. Ich mußte meine Kerze anzünden, um ihn durchzustehen. Am nächsten Morgen war unser Pflaumenbaum unten & auf dem Friedhof war ein großer Baum ein paar Fuß über dem Boden abgebrochen. [...] In jener Nacht hat es mehr geregnet als in den 3 Monaten davor, aber L. ist nicht zufrieden. Unser Garten ist ein ganz und gar buntgescheckter Chintz: Astern, Zinnien, Nelkenwurz, Kapuzinerkresse & so weiter: alle leuchtend, aus Buntpapier geschnitten, steif, aufrecht, so wie Blumen sein müssen. Ich habe Goldlack für nächsten Juni gepflanzt.

Tagebuch, 14. September 1921

Es ist ein wunderschöner Abend – still; der Rauch in der Kreidegrube steigt senkrecht nach oben; der Schimmel & das erdbeerfarbene Pferd fressen dicht nebeneinander; die Frauen kommen ohne Grund aus ihren Cottages & stehen da und schauen; oder stricken; der Hahn pickt mitten unter seinen Hühnern auf der Wiese; Stare in beiden Bäumen [zwei große Ulmen, die die Woolfs Leonard und Virginia nannten und unter denen sie später bestattet werden wollten]; die Felder von Asheham auf die Farbe von weißem Kord heruntergemäht; Leonard lagert über meinem Kopf Äpfel ein. & die Sonne kommt durch ein perlmuttfarbenes Glasdach; so daß die Äpfel, die hängen, von einem matten Rot & Grün sind; der Kirchturm ein silbernes Löschhütchen, das sich zwischen den Bäumen erhebt.

Tagebuch, 15. September 1921

Gestern bin ich auf den Hügel von Asheham hinaufgelaufen & habe unterwegs ganze Pilzkolonien entdeckt. Verglichen damit sieht das Haus jetzt ein bißchen starr & unbeweglich aus, die Landschaft eingesperrt & streng. Aber der Garten hier, mit den Außengebäuden & ihrem Efeuflaum, ist ein hübsches Fleckchen – offen & luftig mit Blick auf die Hügel;

Tagebuch, 3. August 1922

Wir haben jetzt 3 schöne Tage & vielleicht werden es 4 oder 5. Der Garten könnte nicht schöner sein: das große Beet mit leuchtenden Blumen übersät, deren Blütenblätter sich beinah berühren. [...] An schönen Abenden um 19.30 sehen sie phosphoreszierend aus, verbreiten einen Schimmer.

Tagebuch, 7. September 1922

Unser letzter vollständiger Tag. Hinsichtlich des Wetters ist der Sommer eine große Enttäuschung gewesen. Er war vielversprechend & ist dann ausgeblieben. Wir hatten keine 7 schönen Tage am Stück. Es gab ein paar vereinzelte schöne Tage, aber inmitten von Regen, Wind & dunklem Himmel wie in London. Die Roman Road war oft so schlammig, daß ich dort nicht entlanglaufen konnte. Und oft hörte ich leises Donnergrollen, wenn ich spazierenging. Grizzel fürchtete sich & rannte nach Hause – als würde Gott sich die Mühe machen, einem Foxterriermischling etwas anzutun, der in der Rodmeller Ebene spazierenläuft! Aber über diese Dinge läßt sich nicht streiten. Ich glaube, um den Garten stand es nie besser, & wir haben eine gute Ernte gehabt, Äpfel & Birnen, & vor 2 Tagen erst Erbsen.   *Tagebuch, 4. Oktober 1922*

Ich muß sagen, daß wir ideales Wetter haben, weich wie ein Kissen, blau bis ins Herz.   *Tagebuch, 6. August 1923*

Wir sind letzte Woche hierher gekommen, und hier bleiben wir bis Oktober, ein sehr glückliches Leben, im großen und ganzen, obwohl ich ziemlich unruhig werde, mit meinem Wunsch zu schreiben, mit meinem Wunsch zu lesen, mit meinem Wunsch zu reden, und allein zu sein, und Sussex zu erkunden und ein perfektes Haus zu finden, und zu einem Verständnis der Bedeutung aller Dinge zu gelangen. Wieso die Natur diese uralte Karotte vor meiner Nase baumeln läßt, weiß ich nicht. Jedes Buch ist für mich ein Spiegel, durch den ich möglicherweise erkennen werde – ich weiß nicht was; und genauso geht es mir mit Menschen; und genauso mit meinen einsamen Spaziergängen in den Downs, wenn ich plötzlich feststelle, daß ich mich durch Myriaden weißer Winden zwänge, die im Gras ranken, und dann denke ich, daß es hier mehr Blumen gibt als in Spanien ...
               An Gerald Brenan, 10. August 1923

Ich wurde gerufen, zum Holzsägen, glaube ich; wir müssen Scheite für den Ofen zurechtstutzen, denn wir sitzen jeden Abend in der Hütte, & meine Güte, dieser Wind! Gestern abend betrachteten wir die Bäume auf der Wiese, die hin- und hergeworfen wurden, & eine derartige Blätterlast, daß es einem vorkommt, als sei jedes Schwingen das letzte. Heute morgen jedoch nur die verstreuten Blätter des Lindenbaums.

Tagebuch, 30. August 1923

Wir haben Unkraut zwischen den Zwiebeln gejätet, im Licht einer drohenden, rosenrosa Wolke, die, ein wenig an ihrem Anker zupfend, sehr langsam über den Himmel zog, und über den Mount Caburn, und fort. Ja, ich könnte mein ganzes Leben damit verbringen, Wolken zu beschreiben.

An Gerald Brenan, 1. Dezember 1923

Vor 7 Tagen sind wir aus Rodmell zurückgekommen, nach einem fürstlichen Osterfest, das Nelly heldenhaft überstanden hat. Nach dem Unkrautjäten mußte ich aus der Sonne und ins Haus; & wie die Stille mich umhüllte! & wie träge ich dann wurde, wenn ich ganz genau bin: & wie die Schönheit über mich floß & meine Nerven durchtränkte bis sie zitterten, so wie ich einmal eine Wasserpflanze zittern sah, als sie vom Wasser überspült wurde. *Tagebuch, 5. Mai 1924*

Unser Garten ist der Neid von ganz Sussex. Wir haben eine Herbstzeitlose entdeckt, wie eine kleine, purpurne Tulpe, die man in der einen Woche pflanzt, und in der nächsten kommt sie schon zum Vorschein. Es erübrigt sich wohl zu sagen, daß das alles Leonards Werk ist: er schuftet wie ein Bauarbeiter, und klettert außerdem in die Spitzen von Birnbäumen wie ein Affe. Hatte ich also nicht recht, einen solchen Mann zu heiraten? Ich biete meine Bewunderung an, bekomme aber nur selten eine aktive Rolle zugestanden – Wirklich, ich glaube nicht, daß es etwas Schöneres gibt als einen Garten an einem heißen Tag. In den mittleren Jahren sagt man diese einfachen und abgedroschenen Dinge mit tiefer Überzeugung.

An Janet Case, 1. September 1925

Eine schändliche Tatsache – ich schreibe dies um 10 Uhr morgens im Bett im kleinen Zimmer, das auf den Garten hinausgeht, die Sonne strahlt ununterbrochen, die Weinblätter ein transparentes Grün, & die Blätter am Apfelbaum derart funkelnd, daß ich, während ich frühstückte, mir eine kleine Geschichte ausdachte von einem Mann, der ein Gedicht schrieb, glaube ich, in dem er das alles mit Diamanten verglich, & die Spinnweben (die erstaunlich aufblitzen & verschwinden) mit irgend etwas anderem: was mich weiterschweifen ließ [...].

Tagebuch, 14. September 1925

Das Stundenglas des Sommers leert sich rasend schnell & ziemlich sandig.   *Tagebuch, 22. Juli 1926*

Dann bin ich erstaunlich glücklich auf dem Lande – ein Geisteszustand, den ich, sofern ich nicht etwas gegen Anführungszeichen hätte, in Anführungszeichen setzen würde, um anzuzeigen, daß es ein eigener Zustand ist.

Wir gingen gestern [...] über die Downs Richtung Falmer. Nach all diesen Jahren haben wir eine der schönsten, einsamsten, überraschendsten Gegenden in den Downs entdeckt: schöner, meine ich, als unser Rivale, der Seaford-Tilton-Höhenzug, über den wir letzten Donnerstag bei glühend heißer

Sonne gingen. Wie brannte sie uns auf die Köpfe, ließ das arme Hündchen japsen.

Tagebuch, 13. September 1926

Es ist jetzt stockdunkel im Zimmer, bis auf eine sehr grelle, starke Lampe, die mir die Augen blendet, und eine Vase mit leuchtendroten und gelben Dahlien bescheint. Wo wir gerade von Blumen reden, ich werde die Lilien, die Du mir letztes Jahr geschenkt hast, nie vergessen.

An Gerald Brenan, 3. Oktober 1926

Der Garten ist dieses Jahr ein Wunder an Ordnung.

An Vanessa Bell, 22. Mai 1927

Wir tranken Tee aus leuchtend blauen Tassen unter dem rosa Licht einer riesigen Stockrose. Wir waren alle ein bißchen betäubt vom Lande: ein wenig bukolisch, dachte ich. Es war außerordentlich schön – ich wurde neidisch auf den Landfrieden: die so sicher stehenden Bäume – warum blieb mein Blick an den Bäumen hängen? Das Aussehen der Dinge hat eine große Macht über mich. Selbst jetzt muß ich den Krähen zusehen, wie sie gegen den Wind flattern, der stark bläst. & immer noch frage ich mich instinktiv, »Was ist der richtige Ausdruck dafür?« & versuche, die Unebenheiten der Luftströmung mehr & mehr zu verdeutlichen & das Vibrieren des Krähenflügels, ⟨dagegen anflatternd⟩ sie schneidend – als wäre die Luft voller Kuppen & Kräuselungen & Unebenheiten; sie steigen auf & sinken, auf & ab, als ob diese Übung ⟨ihnen gefiele⟩ sie abrubbelte & erfrischte wie Schwimmer in sturmbewegtem Wasser. Aber wie wenig kann ich mit meiner Feder festhalten von dem, was für meine Augen so lebendig ist; & nicht nur für meine Augen: auch für irgendeine

Nervenfaser oder fächerartige Membran in meinem Rückgrat.   *Tagebuch, 12. August 1928*

Wie lebst Du bloß das Leben, das Du lebst? Sechzig Personen
zum Dinner. Eine einzige löst meine Seele drei Tage lang völlig auf und läßt sie, wie Entengrün, einen schmutzigen Fluß
hinuntertreiben. Mir ist sehr heiß. Ich habe den Rasen gemäht. Er sieht jetzt aus wie eine stille See, die von mehreren
großen Schiffen durchpflügt wurde, die ihre Kielwellen hinterlassen haben. Dann habe ich zwei Pflaumen gegessen, die
meine Hände klebrig gemacht haben. Viele Tage lang war ich
so von Gesellschaft zerrissen, daß Schreiben nur ein Traum
gewesen ist – etwas, was eine andere Frau einst tat. […]
    Ich bin sehr glücklich und nicht sehr glücklich. Magst Du
es, wenn diese geistigen Verfassungen in Briefen alles andere
dominieren? Ich bin glücklich, weil es der schönste August ist;
die Downs so braun und grau, und die Wiesen so – ich weiß
nicht mehr was. […] mein Glück ist eingekeilt wie (aber ich
benutze zu viele Metaphern) zwischen diesen Granitblöcken
(und jetzt, wo sie Granitblöcke sind, kann ich mein Glück mit
dem Meerfenchel vergleichen, einer kleinen, rosa Pflanze, die
ich als Kind in Cornwall pflückte.)
                        An Vita Sackville-West, 30. August 1928

Es ist der letzte Augusttag, & wie fast alle dieses Monats von
außerordentlicher Schönheit. Jeder Tag ist schön genug &
warm genug, um draußen zu sitzen; aber auch voll wandern-
der Wolken; & dem Verblassen & Aufscheinen des Lichtes,
das mich in den Downs so hinreißt; das ich immer mit dem
Licht unter einer Alabasterschale vergleiche, &c. Das Korn
ist jetzt in Reihen von drei oder vier oder fünf kompakten gel-

ben Kuchenstücken aufgestellt – reich, so scheint es, an Eiern & Gewürz: so gut zu essen. Manchmal sehe ich die Kühe ›wie verrückt‹, so würde Dostojewski sagen, in den Bächen galoppieren. Die Wolken – wenn ich sie beschreiben könnte, täte ich es: gestern hatte eine flatterndes Haar obenauf, wie die sehr feinen weißen Haare eines alten Mannes. Im Augenblick sind sie weiß in einem bleiernen Himmel; aber die Sonne hinter dem Hause macht das Gras grün.

Tagebuch, 31. August 1928

Dies ist der schönste, & nicht nur der schönste, sondern der herrlichste Sommer auf Erden gewesen. Immer noch, obwohl der Wind weht, ist es so klar & hell; & die Wolken schillern wie Opal; die langen Scheunen am Horizont mausfarben; die Garben blaßgold. Das Feld zu besitzen hat meinen Gefühlen für Rodmell eine andere Richtung gegeben. Ich beginne, mich hier einzugraben & daran teilzunehmen. Und ich werde noch ein Stockwerk ans Haus anbauen, falls ich Geld verdiene.

Tagebuch, 22. September 1928

Ich dachte während meines Spaziergangs, daß ich mit dem Anfang anfangen würde: ich stehe um halb neun auf & spaziere durch den Garten. Heute war es diesig & ich hatte von Edith Sittwell geträumt. Ich wasche mich & gehe zum Frühstück, das auf dem karierten Tischtuch gedeckt ist. [...] Kurze Lektüre & Rauchen nach dem Lunch; & etwa um zwei ziehe ich mir feste Schuhe an, nehme Pinkers Leine & gehe hinaus – hinauf zum Asheham-Hügel heute nachmittag, wo ich mich für ein paar Minuten hinsetzte, & dann wieder nach Hause, am Fluß entlang. [...]

Aber der Grundriß meines Tages muß mit den verschiedenartigsten Farben belebt werden. Heute war es grau & windig beim Spaziergang; gestern großzügig & weit offen; eine gelbe Sonne auf dem Korn; & Hitze im Tal. Die beiden Tage unterscheiden sich sehr stark; beide gehören zu den glücklichsten meines Lebens – ich meine zu den glücklichen durchschnittlichen Tagen, reif & süß & heil; das tägliche Brot; denn nichts Ungewöhnliches oder Extravagantes ist passiert; nur, daß der Tag richtig & harmonisch verlaufen ist; ein Muster von dem besten Teil des Lebens, das sich dergestalt auf dem Lande findet; & den Wunsch in mir weckt, mehr davon zu bestellen – Monate davon.   *Tagebuch, 22. August 1929*

Das Auto macht uns fast zu mobil. Andererseits ist dies der üppigste Sommer, den wir je gehabt haben. Nie ist der Garten so schön gewesen – sogar jetzt in Farben flammend; die Augen geblendet von den verschiedenen Rot & Rosa & Purpur & Mauve, die Nelken in großen Büscheln, die Rosen leuchtend wie Lampen. Wir gehen oft nach dem Dinner hinaus, um dieser Anblicke willen.   *Tagebuch, 22. September 1929*

Der Bau des Gewächshauses begann gestern. Wir begießen die Erde mit Geld. Nächste Woche wird mein Zimmer sich zu erheben beginnen.   *Tagebuch, 25. September 1929*

Und ich sitze in meinem neuen Zimmer – Schlafzimmer, nicht Wohnzimmer; mit Vorhängen, Kaminfeuer, Tisch; & zwei großartigen Ausblicken; manchmal Sonne über den Wassergräben & Sturm über der Kirche. Ein ungestümes Weihnachten; ein strahlender stiller zweiter Weihnachtsfeiertag; & beide sehr glücklich –   *Tagebuch, 26. Dezember 1929*

Ich bin 48: wir waren in Rodmell – wieder ein nasser, windiger Tag; aber an meinem Geburtstag spazierten wir durch die Downs, wie die gefalteten Flügel großer Vögel; & sahen erst einen Fuchs, sehr lang mit gestreckter Rute; dann einen zweiten; der gebellt hatte, denn die Sonne über uns war warm; er sprang leicht über einen Zaun & lief in den Stechginster – ein sehr seltener Anblick. Wie viele Füchse gibt es wohl in England?

Tagebuch, 26. Januar 1930

Deine Rose ist aufgeblüht und ein absolutes Wunder, wie eine rote Kugel im Fenster. *An Ethel Smyth, 16. Oktober 1930*

Monks House Rodmell

Ich habe gerade diese erhabenen Worte geschrieben, Rodmell. August 1931. Und es ist wirklich so gut, nein besser als ich gedacht hatte. Wer sonst in ganz Sussex kann das sagen? Jede Art von Wetter; der fließende Fluß; das schwimmende Boot; Lautsprecher, Kamera, elektrisches Licht, Kühlschrank – so zähle ich diese materiellen Segnungen auf, die doch, sollte man sagen, keinen Unterschied machen. Dennoch tun sie es – Heal-Betten ebenfalls: mein weites leeres Zimmer zum Aufwachen; zum Schlafengehen nach dem Durchqueren des Gartens entlang den blassen Blumen – der Garten, der von unseren hellen Lampen beleuchtet wird.

Tagebuch, 7. August 1931

[W]ir sind hier, in Rodmell, für den Augenblick, beide wohlauf, und genießen einen schönen Frühlingstag gekoppelt mit den Vorteilen des Herbstes – goldene Blätter, gepflügte Felder, die Downs unglaublich lieblich.

An Hugh Walpole, 8. November 1931

Zurück von einem guten Wochenende in Rodmell – ein Wochenende ohne Gerede, versank sofort in tiefes sicheres Bücherlesen; & dann der Schlaf: klar, transparent; mit dem Weißdorn draußen wie eine Welle, die sich bricht; & der ganze Garten grüne Tunnel, grüne Wälle: & dann das Erwachen in einen warmen, stillen Tag hinein & nicht ein Mensch, der besucht werden muß, nicht eine Unterbrechung: der Ort ganz für uns: Stunde um Stunde. Zur Feier des Anlasses kaufte ich einen kleinen Schreibtisch & L. einen Bienenstock, & wir fuhren nach Lay; & ich gab mir alle Mühe, die Zementschuppen nicht zu sehen. Die Bienen schwärmten. Als wir nach dem Lunch draußen saßen, hörten wir sie; & am Sonntag waren sie wieder da & hingen als zitternder glänzender schwarzbrauner Beutel an Mrs Thompsetts Grabstein. Wir sprangen herum im langen Gras der Gräber, Percy ausstaffiert in Regenmantel & Netzhut. Die Bienen schießen flitzend, wie Pfeile der Begierde: wild, sexuell; weben Fadenspiele in die Luft; jede saust an einem Faden; die ganze Luft erfüllt von einem Beben: von Schönheit, von diesem brennenden, flitzenden Begehren; & Tempo: ich empfinde immer noch den zitternden schwankenden Bienenbeutel als ein ungemein sexuelles & sinnliches Symbol. Dann nach Hause, durch Dünste, Tunnel, Höhlen von Grün: mit rosa & gelben Glaswällen in den Gärten – Rhododendron.   *Tagebuch, 13. Juni 1932*

Es ein herrlich blaßgelber, blaßblauer, roter, purpurner Abend, und alles Korn in Garbenbündeln, wie Kuchenstücke, und die Schwalben, und die Äpfel – hängende Äpfel sind die schönsten aller Früchte;   *An Lady Ottoline Morrell, 6. September 1932*

Außerdem habe ich jetzt die Downs im Rücken: das Land: wie glücklich L. und ich in Rodmell sind: was für ein freies Leben das ist – 30 oder 40 Meilen hinausschweifen; zurückkommen, wann & wie es uns gefällt; im leeren Haus schlafen; Unterbrechungen im Triumph meistern; & täglich in diese göttliche Schönheit eintauchen – immer irgendein Spaziergang: & die Möwen auf dem purpurfarbenen Pflug;

Tagebuch, 2. Oktober 1932

Nun, liebstes Wesen, es ist ein wundervoller Frühlingsabend. Die Drosseln singen – nein, schwatzen im Baum – Du weißt ja, was für ein Gezeter sie veranstalten. Leonard stutzt den Feigenbaum; es ist kurz vor fünf und so weich und schön und rosa, daß wir uns kaum beruhigen können. Und doch schwöre ich, daß es erst Jan ist: der 7te: und L. hat mir heute morgen ein Schneeglöckchen gepflückt.

An Vita Sackville-West, 7. Januar 1933

Dieser Sommer, das darf ich als Kritik vorbringen, & als Warnung, ist durch Menschen zu sehr zersplittert worden. Im nächsten Jahr will ich vorsichtiger sein. […] Und es ist ein durch und durch nasser Tag. Die Teiche füllen sich. L.s neuer Teich und Garten sind fast fertig; & überraschend gut, finde ich. Der Sommer ist zusammengefaltet verstaut in der Schublade mit anderen Sommern. *Tagebuch, 23. September 1933*

[D]ieser helle weiche Oktobermorgen: wenn der Birnbaum einen Spritzer leuchtender Blätter hat; der Caburn ist im Nebel; der große Teich ist beinahe voll; der kleine Teich fertig; & dem Himmel sei Dank, L. & ich fahren los, in glücklicher Stimmung […]. *Tagebuch, 5. Oktober 1933*

Und dann nach Rodmell zum Wochenende; & die Bienen
summen in den Hyazinthen: die Erde taucht sehr geläutert
& bereitwillig aus dem Winter auf, unter einem Schleier; der
zu Nebel wurde, als wir hinausfuhren; & heute Nebel ist.

Tagebuch, 14. Februar 1934

Es ist ein sonniger üppiger Tag, die Vögel raspeln, auf ihren
Nestern, vermute ich, & krächzen in den Bäumen & brechen
frühmorgens laut & anhaltend in Gesang aus, dem ich liegend
zuhöre. Ich höre L. mit Percy im Garten herumgehen. Alles
ist ruhig & zutiefst wohltuend, [...].

Tagebuch, 18. Mai 1934

[E]in sehr lebendiger, glücklicher Sommer. Oh, die Won-
nen der Spaziergänge! Nie habe ich das so stark in mir gespürt. [...] Pilze & der Garten nachts; der Mond, wie das
Auge eines sterbenden Delphins; oder orangerot, der Ernte-
mond; oder poliert wie ein Stahlmesser; oder funkelnd: manchmal über den Himmel eilend; manchmal zwischen den Ästen
hängend – Jetzt im Oktober ist der dicke nasse Dunst gekommen, der sich verdichtet & alles verschluckt.

Tagebuch, 2. Oktober 1934

Ein heftiger Regen auf dem Teich. Der Teich ist mit kleinen
weißen Dornen bedeckt; die auf & ab springen: der Teich ist
mit hüpfenden weißen Dornen gespickt: wie die Dornen auf
einem kleinen Stachelschwein; Borsten; dann schwarze Wellen: durchkreuzen ihn: schwarze Schauer; & die kleinen Was-
serdornen sind weiß: der Regen ein einziges Durcheinander,
& die Ulmen schleudern ihn hoch & nieder: der Teich fließt
über an einer Seite. Zerrende Wasserrosenblätter: die rote Blü-

te schwimmt umher; ein Blatt flattert. Dann einen Augenblick vollkommen glatt. Dann gestichelt: Dornen wie Glas: aber unentwegt auf- & abhüpfend. Ein flinker Schattenschmierfleck. Jetzt Licht von der Sonne: grün & rot: strahlend: der Teich salbeigrün: das Gras glänzend grün: rote Beeren an den Hecken; die Kühe sehr weiß: purpurn über Asheham.

Tagebuch, 4. Oktober 1934

Mein Gartenhaus ist abgerissen; das neue Haus wird jetzt im Obstgarten gebaut. Es wird vorne offene Türen geben; & der Blick geht direkt hinüber zum Caburn. Ich denke ich werde in Sommernächten dort schlafen.

Tagebuch, 26. November 1934

Der Frühling triumphiert. Krokusse bald vorbei. Narzissen & Hyazinthen heraus. Einige Kastanienblätter im Park im Stadium der Vogelkralle. Die Bäume auf dem Lande & in den Squares noch kahl. Kleine Büsche völlig grün. Ich möchte Pflanzenaufzeichnungen für mein Buch machen. Wie weich & federnd & frisch die Luft gestern war – wie das Meer! Und ich denke ans Reisen. Aber wir haben noch nicht entschieden, wohin. *Tagebuch, 28. März 1935*

Der Ausblick übrigens so schön wie nur irgendeiner, selbst an einem schmutzfarbenen Tag. Der Frost hat die Früchte beschädigt, die Buchsbaumhecken haben gelbe Spitzen.

Tagebuch, 31. Mai 1935

Oh, wie es gießt! Ich habe meinen Regenschirm zum ersten Mal benutzt, um den Garten zu durchqueren.

Tagebuch, 4. September 1935

Ja, es war ein entsetzlicher Sturm; ein Sturm, den man nicht vergißt, vermutlich. Alle Bäume schokoladenbraun an der Windseite; kleine Blätter wie gesprungene Kartoffeln.

Tagebuch, 20. September 1935

Ein sehr gutes Wochenende. Die Bäume schlugen aus, Hyazinthen, Krokusse. Warm. Das erste Frühlingswochenende. Ich schlief. L. hatte eine große Versammlung. Kluge Leute aus Lewes. Doch ich schlief. Dann sind wir zur Rat Farm hochgelaufen & haben Veilchen gesucht. Immer noch Frühling hier.

Tagebuch, 24. März 1936

Kritzele hier nur, bei Holzfeuer, an einem kalten aber strahlenden Ostermorgen; jähe Sonnenstrahlen, früh morgens ein paar Flecken Schnee auf den Hügeln; jähe Stürme, pechschwarz, Tintenströme einer Krake, kommen auf; & die Krähen hüpfen & picken in den Ulmen. Was die Schönheit anbelangt, so ist sie zu groß für ein Paar Augen, wie ich immer sage, wenn ich nach dem Frühstück über die Terrasse gehe. Sie reicht aus, um eine ganze Bevölkerung mit Glücksgefühlen zu überschwemmen, wenn sie nur hinsehen würde. Seltsamerweise eine Kombination, dieser Garten, mit der Kirche, & dem Kirchenkreuz, schwarz, vor Asheham Hill.

Tagebuch, 27. März 1937

[D]ann zum M[Monks]. H[ouse]., sehr zurückgezogen und ruhig; und froh über die Sessel und die Vertrautheit und den Garten mit dem saftigen Gras und den Obstbäumen, der einem Vergleich durchaus gewachsen ist.

Tagebuch, 25. Mai 1937

[D]ie Wölfe sind vom Monks House zurück. Und noch dazu sehr erholt. Drei einsame Abende. Man stelle sich das vor! Gab es je etwas so Phantastisches? Keine Stimme, kein Telephon. Nur der Ruf der Eule; ein Donnerschlag vielleicht, die Pferde, die zu den Brooks hinuntergingen, & Mr Botten, der morgens mit der Milch vorbeischaute. Ein heißes schwefelfarbenes Wochenende, als hätte eine weiße Staubwolke über Lewes gelegen. Die roten Gräser geschnitten. Auf der Anhöhe Heu in schwarzen Flecken. Auf den Wiesen geht es mir noch bis zu den Knien & bedeckte mich ganz, als ich gestern am Flußufer lag.
Tagebuch, 28. Juni 1937

Ruhige Witterungsverhältnisse möchte ich für eine Weile. Kontemplation. Ich bekomme sie manchmal morgens gegen 3, da werde ich immer wach, mache das Fenster auf & betrachte den Himmel über den Apfelbäumen. Gestern abend rasender Wind. Allerlei dramatische Effekte – ein gewaltiges Stürzen & Bersten & Sichauftürmen nach dem Sonnenuntergang, der so unglaublich war, daß L. mich rief & und ich ihn mir vom Badezimmerfenster aus ansah – ein Wirbel roter Wolken; hart; eine lilafarbene & schwarze Wasserfarbemasse, weich wie Wassereis; dünne harte Scheiben von tiefgrünem Stein; blauer Stein & und ein Gekräusel von karmesinrotem Licht. Nein: das drückt es nicht aus: & dann die Bäume im Garten & das sich spiegelnde Licht: unsere heißen Schürhaken, die direkt am Abhang brannten.
Tagebuch, 17. August 1938

Wieder schien der Krieg vor der Tür zu stehen. Frage, was Hitler tun wird, wenn er es tun wird. […] Bestärkt auch durch die Situation in E[urop]a: Rosenknospen pflücken, solange wir noch können. Als wir wiederkamen, war das Dach bereits

einmal geweißt; Männer stellten L.s neues Crystal-Palace-Treib-
haus im Obstgarten auf; & im neuen Zimmer war der Kamin
fertig. *Tagebuch, 31. August 1938*

Inzwischen sind die Flugzeuge auf Streifzug über den Downs.
Alle Vorkehrungen sind getroffen. Beim ersten Anzeichen eines Luftangriffs heulen die Sirenen auf eine bestimmte Weise.
L. & ich reden nicht mehr darüber. Besser, wir spielen Bowls
& pflücken Dahlien. Sie leuchten im Wohnzimmer, orange
vor dem Schwarz gestern abend. Unser Balkon kann jetzt benutzt werden. *Tagebuch, 10. September 1938*

Ein halbes Dutzend Schneeglöckchen sind in unserem Garten zum Vorschein gekommen; und wir fahren jetzt durch
den schneidenden Ostwind, um sie zu sehen.
An May Sarton, 2. Februar 1939

Von dem Versuch, dem Kapitel über Rogers Ehe eine Form
zu geben, ist mein Kopf völlig verschraubt; & aber auch er-
wärmt, weil L. gestern abend gesagt hat, er liebe mich mehr
als ich ihn. Diskussion darüber, wem es mehr ausmacht, wenn
der andere stirbt. Er sagte, er hänge mehr an unserem gemein-
samen Leben als ich. Als Beispiel nannte er den Garten. Er
sagte, ich würde mehr in meiner eigenen Welt leben. Ich mache lange Spaziergänge allein. So diskutierten wir. Ich war
sehr glücklich bei dem Gedanken, so sehr gebraucht zu werden. Es ist komisch, wie selten man das empfindet: und doch
ist »Das gemeinsame Leben« eine enorme Wirklichkeit.
Tagebuch, 28. April 1939

In Warschau fallen wohl Bomben auf Zimmer wie dieses. Hier ein schöner sonniger Vormittag; die Äpfel leuchten. [...] Im Garten oder auf den Wiesen nichts, was mir ungewöhnlich vorkäme – & ich kann auf keinen Fall schreiben.

Tagebuch, 3. September 1939

Dann fängt man an, mit Papier, Zucker, Butter zu knausern und kauft kleine Vorräte Streichhölzer. Die umgestürzte Ulme ist zersägt worden. Damit kommen wir durch 2 Winter. Es heißt, der Krieg dauert 3 Jahre.

Tagebuch, 23. September 1939

Dieser trübe Februartag, in dem sich eine Blume, eine kleine Geste des Frühlings versteckt – woher kommt dieses Gefühl? Wie soll man es ausdrücken. Das Licht, das in eine Londoner Straße fällt – ist hier viel weiter gestreut; [...] Hier mache ich Halt, um eine Bemerkung einzufügen, die häufig gemacht wird: daß man uns dieses Frühjahr zum Altar führen wird: die Blumen werden vermutlich nicken & den Garten gelb & rot färben, während die Bomben fallen – in den Frühling 1940 geleitet zu werden gibt schon ein Gefühl sonderbarer Spannung –

Tagebuch, 8. Februar 1940

Am Samstag fiel Schnee: im Garten überall dicker weißer Puderzucker, der nachts in mein Zimmer wehte: die Türangel vereist.

Tagebuch, 19. Februar 1940

Und es erfrischt & verjüngt, wenn man die goldenen dichten Krokusgruppen sieht & und die ungeöffneten grünen Osterglocken & wenn ich höre, wie meine Asheham-Saatkrähen ihr heiseres Krächzen durch die klebrige Luft fallen lassen. Für die

Vögel ist es strapaziös. L. arbeitet den ganzen Nachmittag am Steingarten, in seinem blauen Hemd. *Tagebuch, 24. März 1940*

Gibt es etwas Befreiendes & Erfrischendes, woran ich denken könnte? Wenn ich nachts das Fenster aufmache & die Sterne betrachte, bin ich dazu aufgelegt. Leider ist es 12.15 und ein grau-trüber Tag, die Flugzeuge sind in Aktion, […] & dann kommt der Mai & der Spargel & Schmetterlinge. Vielleicht arbeite ich ein bißchen im Garten ach & drucke & richte mein Schlafzimmer anders ein. Ist es das Alter, oder warum kommt einem das Leben hier, allein und ohne London ohne Besuch wie ein langes trancehaftes Vergnügen vor –

Tagebuch, 29. März 1940

Vor mir ein schöner Frühlingstag; gelbe Narzissen leuchtende Gruppen längs der Terrasse. Oben Flugzeuge.

Tagebuch, 13. April 1940

Der dritte Tag der Schlacht von Waterloo. Im Garten schneite es Apfelblüten. Eine Bowl-Kugel verloren im Teich. Churchill ermahnt alle, zusammenzustehen.

Tagebuch, 13. Mai 1940

Ich wurde von einem heftigen Donnern wach, das die Fensterscheiben klirren ließ. Ich lauschte, aber es kam nichts mehr. Doch »in Sussex« wurden 2 Bomben abgeworfen. Butterblumen & Sauerkleewochenende – das allererste Aufwallen des Sommers. Der Mai ist noch da, hat aber blaue Flecken: heute schüttelnder Wind; gestern keiner. *Tagebuch, 3. Juni 1940*

Entwarnung. Dann wieder Sirenen. [...] [*Später*] Sie kamen sehr nah heran. Wir legten uns unter den Baum. Es klang, als säge jemand genau über uns in der Luft. Wir legten uns flach auf den Bauch, die Hände hinter dem Kopf. Beiß die Zähne nicht zusammen, sagte L. [...] Bomben ließen die Fensterscheiben meines Häuschens klirren. Wird es einstürzen? fragte ich. Wenn ja, dann zerbrechen wir gemeinsam. Ich dachte, glaube ich, an das Nichts – *Tagebuch, 16. August 1940*

Sollte ich mir nicht lieber den Sonnenuntergang ansehen statt hier zu schreiben? Im Blau ein Anflug von Röte; der Heuhaufen auf der Marsch fängt das Glühen ein; hinter mir hängen die Äpfel rot in den Bäumen. L. pflückt sie gerade. Jetzt steigt eine Rauchfahne aus dem Zug am Fuß des Caburn. Und in der Luft allüberall bleibt feierliche Stille. bis 8.30, wenn am Himmel wieder das Todesschwirren beginnt; die Flugzeuge, die nach London fliegen. Also, bis dahin ist es noch eine Stunde. Kühe weiden. Die Ulme verstreut ihre Blättchen am Himmel. Unser Birnbaum hängt voller Birnen; & darüber, über dem dreieckigen Kirchturm, der Wetterhahn. Warum nochmals der Versuch, den vertrauten Katalog aufzustellen, der nicht vollständig wird. Sollte ich an den Tod denken? Gestern nacht fiel unter dem Fenster eine große schwere Bombe. So dicht, daß wir beide aufschreckten. Ein vorbeifliegendes Flugzeug hatte diese Frucht abgeworfen. Wir gingen auf die Terrasse hinaus. Plundersterne glitzerten & funkelten. Alles ruhig. Die Bomben fielen auf Itford Hill. Am Fluß liegen zwei, die mit weißen Kreuzen markiert und noch nicht detoniert sind. Ich sagte zu L.: Ich will noch nicht sterben. Die Umstände sprechen dagegen. *Tagebuch, 2. Oktober 1940*

Dann haben sie, zu meinem unendlichen Entzücken, unseren Fluß bombardiert. Kaskaden von Wasser donnerten über die Marsch – Alle Möwen kamen und schaukelten am Ende der Wiese auf den Wellen. Es war, und ist noch, ein Inselmeer, von so unbeschreiblicher Schönheit, sich fast ständig verändernd, Tag und Nacht, Sonne und Regen, daß ich die Augen nicht davon lassen kann. Gestern, als ich Erkundungen anstellen wollte, fiel ich der Länge nach in ein sechs Fuß tiefes Loch, und kam triefend wie ein Spaniel nach Hause, oder wie ein Pudel (das ist Shakespeare). Wie seltsam, auf einer Wiese zu schwimmen! Zum Glück hatte ich Leonards alte braune Hose an. Morgen werde ich mir selbst eine Cordhose kaufen. Es regnet – regnet… und ich war spazieren, spazieren. Die Straße zur Brücke stand drei Fuß unter Wasser, und dies bedeutete einen Umweg von 2 Meilen; aber oh je, wie ich es liebe, dieses wilde mittelalterliche Wasser bewegt zu sehen, lauter schwimmende Baumstümpfe und Vogelscharen und ein Mann in einem alten Kahn, und ich selbst so bar aller menschlichen Züge, daß Du mich für einen wandelnden Stock hättest halten können.   *An Ethel Smyth, 14. November 1940*

Leere. Eiseskälte. Stille Eiseskälte. Brennendes Weiß. Brennendes Blau. Die Ulmen rot. Eigentlich wollte ich nicht schon wieder die Downs im Schnee beschreiben; doch es kam so. Und selbst jetzt kann ich den Blick nicht von der Asheham Down abwenden, rot, violett, taubenblaugrau, und das Kreuz, das sich so melodramatisch dagegen abhebt. Wie heißt der Satz, an den ich immer denke – oder den ich vergesse. Wirf einen letzten Blick zurück auf alles Schöne.

Tagebuch, 9. Januar 1941

Das ist die kalte Stunde, jetzt, bevor die Lichter angehen. Im Garten ein paar Schneeglöckchen. Ja, ich habe mir überlegt: wir leben ohne eine Zukunft. Das ist das Merkwürdige, wir pressen unsere Nasen an eine verschlossene Tür.

Tagebuch, 26. Januar 1941

Im Augenblick gibt es im Garten eine Flut gelber Blumen – Und der Blick aus meinem Fenster ist wie ein Block eines nicht ganz lupenreinen Smaragds, halb grün, halb blau. [...] Es ist erstaunlich friedlich hier, fast kann man das Gras wachsen hören; und die Krähen bauen Nester; man würde nicht glauben, daß um 7.30 die Flugzeuge kommen werden. Vor zwei Nächten haben sie Brandbomben abgeworfen, in einer Reihe, wie Straßenlampen, die ganzen Downs entlang. Zwei Heuhaufen fingen Feuer und gaben eine wunderschöne Beleuchtung ab – aber kein Fleisch wurde verletzt. Tatsächlich reißt jede Bombe, die sie werfen, bis jetzt nur einen Krater auf. Es ist schwierig, finde ich, zu schreiben.

An Elizabeth Robins, 13. März 1941

III.

»Die Mandelbäume voller Blüten«
PARKS UND GÄRTEN IN LONDON

Hyde Park und Kensington Gardens

Sie richtete ihre Schritte zum Hyde Park, den sie von alters her kannte (unterhalb jenes gespaltenen Baums war der Herzog von Hamilton gefallen, wie sie sich entsann, von Lord Mohun durchbohrt), und ihre Lippen, die sich derlei oft zuschulden kommen ließen, begannen die Worte ihres Telegramms zu einem sinnlosen Singsang umzubilden; Leben Literatur Greene kriecherisch Rattigan Glumphoboo; und mehrere Parkwächter beäugten sie argwöhnisch und gelangten erst zu einem positiven Urteil über ihren Geisteszustand, als sie ihre Perlenkette bemerkten. Aus der Buchhandlung hatte sie ein Bündel Zeitungen und Literaturzeitschriften mitgenommen, und zuletzt stützte sie sich unter einem Baum auf den Ellbogen, breitete diese Seiten um sich herum aus und bemühte sich nach Kräften, die edle Kunst der Prosa zu ergründen, wie diese Meister sie praktizierten. Denn ihre alte Leichtgläubigkeit hatte sie nicht abgelegt; selbst die unscharfen Druckbuchstaben einer Wochenzeitung hatten in ihren Augen etwas Heiliges. So las sie, auf den Ellbogen gestützt, einen Artikel von Sir Nicholas über die gesammelten Werke eines Mannes, den sie einst gekannt hatte – John Donne. Doch ohne es zu merken, hatte sie sich nicht weit von der Serpentine niedergelassen. Das Gebell unzähliger Hunde klang ihr in den Ohren. Kutschenräder rollten unablässig im Kreis. Über ihr ächzten Blätter. Hin und wieder überquerten ein litzengeschmückter Rock und ein Paar enge scharlachrote Hosen das Gras in wenigen Schritt Entfernung. Einmal prallte ein riesengroßer Gummiball auf die Zeitung. Violette, orangefarbene, rote und blaue Lichtschimmer drangen durch die Zwischenräume der Blätter und funkelten in dem Smaragd an ihrem Finger. Sie las einen Satz und blickte zum Himmel auf, sie blickte zum Himmel auf und blickte auf die Zeitung hinunter. Das Leben? Die Literatur? Eines mit dem anderen verschmelzen? Aber wie entsetzlich schwierig! […] Denn aus der Lektüre Sir Nicholas' und seiner Freunde (die sie in den Pausen zwischen ihrem Umherblicken betrieb) bezog sie den undeutlichen Eindruck – hier erhob sie sich und ging etwas – sie gaben einem das Gefühl – es war ein überaus unerquickliches Gefühl –, dass man unter keinen Umständen sagen durfte, was man dachte. (Sie stand am Ufer der Serpentine. Der Teich war von bronzener Farbe; spinnendünne Boote glitten hin und her.) Sie gaben einem das Gefühl, fuhr sie fort, dass man unter allen Umständen immer schreiben musste wie jemand anders. (Tränen stiegen ihr in die Augen.) […] Zum Henker mit alledem!, rief sie und schob einen billigen kleinen Dampfer so energisch ins Wasser, dass das arme Bötchen in den bronzefarbenen Wellen fast gekentert wäre.

Nun verhält es sich so, dass, nachdem man sich aufgeregt hat (wie Kindermädchen und Krankenschwestern es nennen) – und die Tränen standen Orlando noch in den Augen –, das, was man betrachtet, nicht zu dem wird, was es ist, sondern zu etwas anderem, was größer und viel bedeutender ist, obwohl es gleichzeitig dasselbe bleibt. Betrachtet man in so einer Gemütsverfassung die Serpentine, werden die Wellen schnell so groß wie die des Atlantiks, die Spielzeugschiffe sind von Ozeandampfern nicht zu unterscheiden. Und Orlando verwechselte das Spielzeugschiff mit der Brigg ihres Ehemanns und die Welle, die sie mit ihrer Zehenspitze verursacht hatte, mit einer Wasserwand vor Kap Hoorn; und als sie zusah, wie das Spielzeugschiff die kleine Welle erklomm, war ihr, als sähe sie Bonthrops Schiff an einer glasigen Wasserwand immer höher steigen, höher und höher hinauf, und über ihm wölbte sich ein weißer Wellenkamm mit tausend Toden darin; und es durchquerte die tausend Tode und verschwand – »Es ist gesunken!«, rief sie in Todesangst –, und dann, siehe da, segelte es wohlbehalten zwischen den Enten auf der anderen Seite des Atlantiks.

»Verzückung!«, rief sie. »Verzückung! Wo ist das Postamt?«, fragte sie sich. »Ich muss Shel sofort schreiben und ihm sagen ...« Und indem sie abwechselnd wiederholte: »Ein Spielzeugboot auf der Serpentine« und »Verzückung«, denn beide Gedanken waren austauschbar, eilte sie zur Park Lane.

»Ein Spielzeugboot, ein Spielzeugboot, ein Spielzeugboot«, wiederholte sie und prägte sich so den Sachverhalt ein, dass es nicht auf Artikel von Nick Greene über John Donne oder auf Gesetzesvorlagen zum Achtstundentag oder auf Vereinbarungen oder auf Gesetze zur Regulierung der Fabrikarbeit ankam, sondern auf etwas Nutzloses, Plötzliches, Überwältigendes, etwas, was ein Leben kosten kann, etwas Rotes, Blaues, Purpurnes, eine Stimmung, ein Platschen; wie jene Hyazinthen (sie kam gerade an einem schönen Beet vorbei), makellos, unabhängig, unbeschmutzt durch Menschenkontakt und frei von der Sorge um das eigene Geschlecht; etwas Unbesonnenes, Lächerliches wie meine Hyazinthe, will sagen, mein Ehemann Bonthrop: darauf kommt es an – ein Spielzeugboot

auf der Serpentine, Verzückung –, auf die Verzückung kommt
es an. Das sagte sie laut, während sie darauf wartete, dass die
Kutschen Stanhope Gate passierten, denn die Folge dessen,
dass man sein Leben nicht mit dem Ehemann verbringt oder
nur, wenn Windstille herrscht, besteht darin, dass man in der
Park Lane laut Unsinn redet. Zweifellos hätte es sich anders
verhalten, wenn sie jahrein, jahraus mit ihm zusammenge-
lebt hätte, wie Königin Victoria es empfahl. Doch unter den
gegebenen Umständen kam der Gedanke an ihn unversehens.
Es war ihr ein unbezähmbares Bedürfnis, sofort mit ihm zu
sprechen. Es scherte sie überhaupt nicht, wie unsinnig es sein
mochte oder welches Durcheinander es in dem Bericht an-
richten konnte. Nick Greenes Artikel hatte sie in tiefste Verzweiflung gestürzt; das Spielzeugboot hatte sie in höchstes
Glück versetzt. Und sie wiederholte: »Verzückung, Verzückung«, während sie an dem Übergang wartete.

* * *

Orlando schritt schneller aus als erquicklich, als würden ihre
Beine ohne ihr Zutun bewegt, durch den Garten und in den
Park hinaus. [...]

Und sie blickte hinein, lange, tief, gründlich, und sogleich
war der farnbewachsene Weg, den sie hügelan ging, nicht
mehr ausschließlich ein Weg, sondern teilweise der Serpentinenteich; die Weißdornbüsche waren teilweise Damen und
Herren, die mit Kartenetuis und goldgefassten Spazierstöcken
dasaßen; die Schafe waren teilweise hohe Häuser in Mayfair;
alles war teilweise etwas anderes, als wäre ihr Geist zu einem
Wald geworden, in dem allerorten Lichtungen abzweigten;
Dinge rückten näher und entfernten sich und mischten sich
und trennten sich und gingen die sonderbarsten Bündnisse
und Verbindungen ein in einem unablässigen Schachbrett-

muster aus Licht und Schatten. Und sie vergaß die Zeit, abgesehen von dem Moment, als der Elchhund Canute ein Kaninchen jagte und dies sie daran erinnerte, dass es etwa halb fünf Uhr sein musste – aber tatsächlich war es dreiundzwanzig Minuten vor sechs Uhr.

Der farnbewachsene Weg führte unter vielen Biegungen und Windungen immer höher zu der Eiche, die oben auf dem Hügel stand. Der Baum war größer, massiver und knorriger geworden, seit sie ihn um das Jahr 1588 herum zum ersten Mal gesehen hatte, doch er war noch immer in der Blüte seiner Jahre. Die scharfgezackten Blättchen bebten noch immer in dichter Schar an den Zweigen. Orlando warf sich auf den Boden und spürte die Knochen des Baums, die sich unter ihr hierhin und dorthin erstreckten wie Rippen von einem Rückgrat aus. Sie stellte sich gern vor, dass sie hier auf dem Rücken der Welt saß. Sie liebte den engen Kontakt zu etwas Hartem. Als sie sich zu Boden warf, fiel ein kleines biederes Brevier in rotem Leineneinband aus der Tasche ihrer Lederjacke – ihr Poem *Die Eiche*. »Ich hätte eine Gartenschaufel mitnehmen sollen«, dachte sie. Das Erdreich über den Wurzeln war so flach, dass fraglich erschien, ob ihr gelingen würde, ihr Vorhaben auszuführen und das Buch an Ort und Stelle zu begraben. Außerdem würden die Hunde es ausbuddeln. Solche symbolischen Handlungen glücken nie, dachte sie. Vielleicht konnte man dann ebenso gut darauf verzichten. Ihr lag eine kleine Ansprache auf der Zunge, die sie bei der Beerdigung des Buchs hatte halten wollen. (Es war ein Exemplar der Erstausgabe, von Verfasserin und Künstler signiert.) »Dies vergrabe ich als Tribut«, hatte sie sagen wollen, »als Dank an das Land für das, was das Land mir gegeben hat«, doch du lieber Himmel!, sobald man die Worte laut aussprach, wie albern klangen sie dann! Es erinnerte sie daran, wie der alte Greene eines Tages ein Podium bestieg, sie mit Milton verglichen (bis auf die Blindheit) und ihr einen Scheck über zweihundert Guineen überreicht hatte. Damals hatte sie an die Eiche hier auf ihrem Hügel gedacht und hatte sich gefragt, was das eine mit dem anderen zu tun haben sollte. Was haben Lobpreisungen und Ruhm mit Dichtkunst zu tun? Was haben sieben Auflagen (so viele hatte das Buch bereits erreicht) mit dem Wert eines Buchs zu tun? War das Schreiben von Dichtung nicht ein geheimer Vorgang, eine Stimme, die einer Stimme antwortet? Und deshalb war all dies Geplapper und Gelobhudel und Getadel und das Kennenlernen von Leuten, die einen bewunderten, und das Kennenlernen von Leuten, die einen nicht bewunderten, denkbar wenig zweckdienlich, was die Sache selbst betraf – die Stimme, die einer Stimme antwortet. Was könnte geheimer sein, dachte sie, langsamer, der Zwiesprache von Liebenden ähnlicher als ihre gestammelte Antwort in all diesen Jahren auf den schmachtenden Gesang der Wälder und der Bauerngehöfte und der braunen Pferde am Tor, Hals an Hals, und der Schmiede und der Küche und der Felder, die so fleißig Weizen, Rüben und Gras erzeugten, und des Gartens, der Schwertlilien und Schachbrettblumen hervorbrachte?

Und so ließ sie ihr Buch unbegraben und zerfleddert auf dem Boden liegen und betrachtete den weiten Ausblick, der an diesem Abend so vielfältig wie ein Meeresboden war, von der Sonne beleuchtet und von den Schatten verdunkelt. Ein Dorf mit Kirchturm zwischen Ulmen, ein graues Herrenhaus mit Kuppel in einem Park, ein Lichtstrahl, der an einem Gewächshaus funkelte, ein Bauernhof mit gelben Getreidegarben. Schwarze Gehölze tüpfelten die Wiesen, und jenseits der

Wiesen und Felder erstreckten sich lange Wälder, und dahinter war das Glitzern eines Flusses zu erkennen und danach wieder Hügel und Berge. In weiter Ferne stachen die Felsklippen des Snowdon weiß zwischen den Wolken hervor; sie sah die fernen schottischen Berge und die bewegten Wasser, welche die Hebriden umschäumten. Sie lauschte auf Kanonendonner draußen auf dem Meer. Nein, nur der Wind blies. Diesmal war kein Krieg. Drake war nicht mehr; Nelson war nicht mehr. »Und dort«, dachte sie und senkte den Blick, der in diese weite Ferne gewandert war, wieder auf das Land zu ihren Füßen, »war einst mein Land: das Schloss in den Hügeln gehörte mir, und das ganze Heideland fast bis zum Meer gehörte mir.« An dieser Stelle schüttelte sich (vermutlich eine Sinnestäuschung, vom schwindenden Licht bewirkt) das Land, schob sich zusammen und ließ alle Last von Häusern, Schlössern und Wäldern seine zeltförmigen Abhänge hinunterrutschen. Die kahlen türkischen Berge waren vor ihren Augen. Es war sengend heiße Mittagszeit. Sie blickte unverwandt auf den ausgedörrten Abhang. Ziegen weideten die sandigen Grasbüschel zu ihren Füßen ab. Über ihr schwebte ein Adler. (Aus: *Orlando*)

Die Szene hatte sich seit dem Vormittag leicht verändert. Uhren in der Ferne schlugen gerade drei. Es gab mehr Automobile; mehr Frauen in hellen Sommerkleidern; mehr Männer in Schwalbenschwänzen und grauen Zylindern. Die Parade durch die Tore in den Park fing an. Alle sahen festlich aus. Selbst die kleinen Schneidergehilfinnen mit ihren Hutschachteln sahen aus, als nähmen sie an einer Zeremonie teil. Grüne Stühle säumten den Rand der Row. Sie waren voller Menschen, die sich umsahen, als hätten sie Plätze für ein Theaterstück eingenommen. Reiter trabten zum Ende der Row; zogen die Zügel an; drehten um und trabten wieder zurück. Der Wind, der aus Westen kam, trieb weiße, golddurchsetzte Wolken über den Himmel. In den Fenstern der Park Lane blitzten blaue und goldene Spiegelungen.

Martin schlug einen energischen Gang an.

»Komm mit«, sagte er; »komm – komm!« Er ging weiter. Ich bin jung, dachte er; ich stehe in der Blüte des Lebens. Ein erdiger Geruch lag in der Luft; selbst im Park roch es leise nach Frühling, nach Land.

»Wie gern ich –« sagte er laut. Er sah sich um. Er hatte mit der leeren Luft gesprochen. Sara war zurückgeblieben; da war sie, sich die Schnürsenkel bindend. Aber er hatte ein Gefühl, als hätte er im Hinuntergehen eine Treppenstufe verfehlt.

»Wie lächerlich man sich vorkommt, wenn man laut mit sich selbst redet«, sagte er, als sie ihn einholte. Sie deutete.

»Aber sieh doch«, sagte sie, »alle tun es.«

Eine Frau in mittleren Jahren kam auf sie zu. Sie redete mit sich selbst. Ihre Lippen bewegten sich; sie gestikulierte mit der Hand.

»Es ist der Frühling«, sagte er, als sie an ihnen vorbeikam.

»Nein. Einmal bin ich im Winter hier gewesen«, sagte sie, »und da war ein Neger, der im Schnee laut vor sich hin lachte.«

»Im Schnee«, sagte Martin. »Ein Neger.« Die Sonne lag hell auf dem Gras; sie kamen an einem Blumenbeet vorbei, in dem vielfarbige Hyazinthen zusammengerollt glänzten. [...]

Einen Augenblick lang war er neidisch. Der Park war voller Paare, die gemeinsam spazierengingen. Alles wirkte frisch und voller Süße. Die Luft schlug weich in ihre Gesichter. Sie war erfüllt von Gemurmel; vom Rascheln von Zweigen; vom Rauschen von Reifen; bellenden Hunden, und hin und wieder vom unterbrochenen Gesang einer Drossel. […]

Die Stimmen wurden schwächer, schwächer und schwächer. Bald hörten sie völlig auf. Sie schlenderten weiter über die glatte Fläche, die sich vor ihnen hob und senkte wie eine Lage grünen Tuchs, durchzogen von geraden braunen Pfaden. Große weiße Hunde tollten; durch die Bäume blitzte das Wasser des Serpentine, hier und da mit kleinen Booten getüpfelt. Die Eleganz des Parks, das Glitzern des Wassers, der Schwung und die Schwingung und die Komposition der Szene, als hätte jemand sie entworfen, wirkten angenehm auf Martin. […]

Aber sie hatten den Eingang zu den Kensington Gardens erreicht. Eine lange Reihe von Automobilen und Kutschen stand am Straßenrand. Gestreifte Sonnenschirme spannten sich über den kleinen runden Tischen, an denen bereits Leute saßen und auf ihren Tee warteten. Kellnerinnen eilten mit Tabletts hinein und heraus; die Saison hatte angefangen. Die Szene war sehr fröhlich.

Eine Dame, modisch gekleidet mit einer Purpurfeder, die sich seitlich von ihrem Hut herabneigte, nippte an einem Eis. Die Sonne sprenkelte den Tisch und verlieh ihr etwas eigenartig Transparentes, als wäre sie in einem Netz aus Licht gefangen; als wäre sie aus Rauten schwebender Farben zusammengesetzt. Martin hatte halb das Gefühl, sie zu kennen; halb lüftete er seinen Hut. Aber sie saß nur da und sah vor sich hin; und nippte an ihrem Eis. Nein, dachte er; er kannte sie nicht, und er blieb einen Augenblick stehen, um seine Pfeife anzuzünden. Was wäre die Welt, sagte er zu sich selbst – er dachte immer noch an den dicken Mann, der mit dem Arm fuchtelte –, wenn es kein »Ich« darin gäbe? Er riß das Streichholz an. Er betrachtete die Flamme, die in der Sonne fast unsichtbar geworden war. Eine Sekunde blieb er stehen und zog an seiner Pfeife. Sara war weitergegangen. Auch sie war von einem Netz schwebender Lichter überzogen, die durch die Blätter fielen. Eine urtümliche Unschuld schien brütend über der Szene zu liegen. Die Vögel in den Zweigen gaben ein launisches, süßes Tschirpen von sich; das Dröhnen Londons umschloß die offene Fläche mit einem Ring aus fernen, aber vollständigen Geräuschen. Die rosa und weißen Kastanienblüten hüpften auf und ab, wie die Zweige sich im Lufthauch bewegten. Die Sonne, die die Blätter sprenkelte, verlieh allem eine eigentümliche Substanzlosigkeit, als sei es in separate Punkte aus Licht aufgebrochen. Auch er selbst wirkte auseinandergesprengt. Einen Augenblick lang war sein Geist völlig leer. Dann riß er sich zusammen, warf das Streichholz weg und holte Sara ein.

* * *

Die Sonne ging unter, als er eine oder zwei Stunden später durch den Park fuhr. Er hatte das Gefühl, etwas vergessen zu haben; aber was, das wußte er nicht. Szene legte sich über Szene; eine löschte die andere aus. Jetzt überquerte er die Brücke über den Serpentine. Das Wasser glänzte im Licht des Sonnenuntergangs; wabernde Stäbe aus Laternenlicht lagen auf dem Wasser, und dort, am Ende, komponierte die weiße Brücke die Szene. Die Droschke glitt in den Schatten der Bäume und fädelte sich in die lange Reihe der Droschken ein, die zum Marble Arch strömten. Menschen in Abendgarderobe begaben sich zu Theaterstücken und Gesellschaften. Das Licht wurde gelber und gelber. Die Straße war zu einem metallischen Silber gehämmert. Alles sah festlich aus. (Aus: *Die Jahre*)

Die hohen Fenster des Kensington Palace erröteten in feuri-
gem Rosenrot, während Jacob davonging; eine Schar wilder
Enten flog über den Serpentinenteich; und die Bäume hoben
sich vom Himmel ab, schwarz, erhaben.

(Aus: *Jacobs Zimmer*)

»Bei weitem der schönste Teil Londons (aber ich spreche
von vor fünfzehn oder zwanzig Jahren)«, hatte sie einmal gesagt, »ist Kensington. Man war in zehn Minuten in den Gardens – es war wie mitten auf dem Land. Man konnte in Hauss-
schuhen zum Essen ausgehen, ohne sich zu erkälten. Kensington – das war damals wie ein Dorf, wissen Sie«, hatte sie gesagt. (Aus: Augenblicke des Seins: »Slater-Nadeln haben
keine Spitzen«, in: *Das Mal an der Wand*)

[I]ch mag die Londoner Vororte im Herbst und ihre immense
Poesie. Und ich mag es, wie der Hyde Park in die Nacht verblaßt, und nur die Blumen an ein paar bleichen Fassaden glühen. Ich liebe es, im Dämmerlicht an der Serpentine Ge-
sprächsfetzen aufzuschnappen; und an meine eigene Jugend
zu denken, und mich zu fragen, wie weit wir in denen anderer
Leute leben, und dann ein halbes Pfund Tee zu kaufen …

An Ethel Smyth, 12. Oktober 1934
(Aus: *Reisen mit Virginia Woolf*)

Kew Gardens (Royal Botanic Gardens)

Aus dem ovalen Blumenbeet reckten sich etwa an die hundert Stengel, um sich auf halber Höhe in herz- oder zungenförmige Blumenblätter zu verstreben und sich an der Spitze in rote oder blaue oder gelbe Blütenblätter zu entrollen, die an ihrer Oberflache von erhöhten Farbtupfern gezeichnet waren; und aus dem roten, blauen oder gelben Dunkel des Halses ragte ein gerader Sporn, rauh von Goldstaub und an seinem Ende leicht wulstig. Die Blütenblätter waren üppig genug, um in der Sommerbrise zu erzittern, und wenn sie sich bewegten, dann flirrten eins über dem anderen die roten, blauen und gelben Lichter, betupften einen Zoll der braunen Erde unter ihnen mit einem Fleck von ungemein komplexer Farbe. Das Licht fiel entweder auf den glatten grauen Rücken eines Kiesels oder auf das Haus einer Schnecke mit ihren braunen rund umlaufenden Rillen, oder, wenn es in einen Regentropfen fiel, blähte es mit einer solchen Intensität von Rot, Blau und Gelb die dünnen Wasserwändchen auf, daß man darauf gefaßt war, sie zerplatzen und verschwinden zu sehen. Stattdessen aber wurde der Tropfen in Sekundenschnelle wieder silbergrau, und das Licht sammelte sich jetzt auf dem Fleisch eines Blattes, und enthüllte unter der Oberfläche das verästelte Blattgeäder, und wieder bewegte es sich fort und streute seinen Glanz auf die unermeßlich grünen Räume unter dem Gewölbe der herz- und zungenförmigen Blätter. Dann fuhr die Brise eher etwas schärfer darüberhin und die Farbe wurde blitzschnell in die Luft darüber geworfen, in die Augen der Männer und Frauen, die im Juli in Kew Gardens spazierengehen.

Die Gestalten dieser Männer und Frauen schwirrten an dem Blumenbeet mit einer sonderlich ungleichmäßigen Bewegung entlang, nicht unähnlich der Bewegung der weißen und blauen Schmetterlinge, die in Zickzackflügen von Beet zu Beet über den Rasen schwebten. Der Mann ging etwa sechs Zoll vor der Frau her, unbekümmert herumschlendernd, während sie zielbewußter ausschritt, sich ab und an umwendend, um zu sehen, ob die Kinder nicht zu weit zurückblieben. Der Mann wahrte seinen Abstand von der Frau zielstrebig, wenn auch vielleicht unbewußt, denn er wollte weiter seinen Gedanken nachgehen.

»Vor fünfzehn Jahren bin ich mit Lily hergekommen«, dachte er. »Irgendwo da drüben am Teich haben wir gesessen, und ich habe sie den ganzen heißen Nachmittag lang angefleht, mich zu heiraten. Wie die Libelle uns unentwegt umkreist hat: wie deutlich ich die Libelle sehe und Lilys Schuh mit der viereckigen Silberschnalle am Zeh. Die ganze Zeit, während ich redete, schaute ich auf ihren Schuh, und wenn er sich ungeduldig bewegte, wußte ich ohne aufzusehen, was sie sagen würde: ihr ganzes Wesen schien in ihrem Schuh zu stecken. Und meine Liebe, mein Begehren, steckten in der Libelle; aus irgendeinem Grund dachte ich, ließe sie sich da auf diesem Blatt, dem breiten mit der roten Blüte in der Mitte, ließe sich die Libelle auf dem Blatt nieder, würde sie sogleich »Ja« sagen. Doch die Libelle kreiste und kreiste: sie ließ sich niemals irgendwo nieder – natürlich nicht, glücklicherweise nicht, sonst würde ich hier nicht mit Eleanor und den Kindern spazierengehen – Sag mal, Eleanor, denkst du jemals an die Vergangenheit?«

»Warum fragst du, Simon?«

»Weil ich gerade an die Vergangenheit gedacht habe. Ich habe gerade an Lily gedacht, die Frau, die ich fast geheiratet hätte … Na, warum schweigst du? Hast du etwas dagegen, daß ich an die Vergangenheit denke?«

»Warum sollte ich etwas dagegen haben, Simon? Denkt man nicht immer an die Vergangenheit, in einem Garten, in dem Männer und Frauen unter den Bäumen liegen? Sind sie nicht unsere Vergangenheit, alles was davon übrig bleibt, diese Männer und Frauen, diese Geister, unter den Bäumen liegend … eines jeden Glück, eines jeden Wirklichkeit?«

»Für mich, eine viereckige Schuhschnalle und eine Libelle –«

»Für mich, ein Kuß. Stell dir sechs kleine Mädchen vor, wie sie vor zwanzig Jahren hinter ihren Staffeleien sitzen, da unten am Ufer des Teichs und die Seerosen malen, die ersten roten Seerosen, die ich je gesehen hatte. Und plötzlich ein Kuß, da hinten auf meinem Hals. Und den ganzen Nachmittag bebte meine Hand so, daß ich nicht malen konnte. Ich habe meine Uhr vorgezogen und die Stunde festgelegt, in der ich es mir erlauben könnte, nur für fünf Minuten, an den Kuß zu denken – er war so kostbar – der Kuß einer alten grauhaarigen Frau mit einer Warze auf der Nase, der Mutter aller Küsse meines Lebens. Komm Caroline, komm Hubert.«

Sie gingen weiter an dem Blumenbeet entlang, jetzt zu viert nebeneinander, und gleich wurden sie zwischen den Bäumen kleiner und sahen zur Hälfte durchsichtig aus, als das Sonnenlicht und der Schatten über ihre Rücken in großen zitternden unregelmäßigen Flecken glitt.

In dem ovalen Blumenbeet schien sich die Schnecke, deren Haus für die Spanne von etwa zwei Minuten rot, blau und gelb gefleckt war, jetzt sehr sachte in ihrem Haus zu regen, und sie begann sich als nächstes über die Krumen lockerer Erde vorzuarbeiten, die abbröckelten und, während sie darüber hinzog, herunterrollten. Sie schien ein bestimmtes Ziel vor sich zu haben, im Unterschied zu dem eigentümlich stelzen-

den steifen grünen Insekt, das versuchte, vor ihr hinüberzu-
kommen, und mit zitternden Fühlern eine Sekunde innehielt,
als ob es mit sich zu Rate gehen müsse, und dann so eilig und
eigenartig in die entgegengesetzte Richtung davonstelzte. Braune Klippen mit dunkelgrünen Seen in den Mulden, flache
klingenscharfe Bäume, die sich von der Wurzel bis zur Spitze wiegten, runde Findlinge aus grauem Gestein, riesenhafte
durchfurchte Flächen von einer feinen knisternden Textur –
all diese Dinge lagen der Schnecke bei ihrem Fortkommen
von einem Stengel zum andern im Weg, bis zu ihrem Ziel.
Bevor sie entschieden hatte, ob sie dem gewölbten Zeltdach
eines toten Blattes ausweichen oder es angehen sollte, erschienen neben dem Beet die Füße anderer menschlicher Wesen.

Dieses Mal waren beide Männer. Der Jüngere von beiden
drückte eine vielleicht unnatürliche Gelassenheit aus; er hob
den Blick und richtete ihn völlig unbewegt vor sich hin, während sein Begleiter redete, und wenn sein Begleiter zu reden
aufhörte, blickte er sogleich wieder zu Boden, und manchmal öffnete er die Lippen, nur nach einer langen Pause, und
manchmal öffnete er sie überhaupt nicht.

Der ältere Mann hatte eine komisch ungleichmäßige und
wackelige Art zu gehen, die Hand vorwärts schleudernd und
den Kopf abrupt nach oben werfend, so wie ein ungeduldiges
Kutschpferd, das es satt hat, draußen vor dem Haus zu warten; doch bei diesem Mann waren diese Gebärden unschlüs-
sig und nichtssagend. Er redete nahezu unausgesetzt; er lächelte vor sich hin und fing wieder an zu reden, als ob das Lächeln
eine Antwort gewesen wäre. Er sprach über Geister – die Geister der Verstorbenen, die ihm, wie er meinte, in eben diesem
Moment alle Arten seltsamer Sachen über ihre Erfahrungen
im Himmel erzählten.

»Der Himmel, William, das war für die Alten Thessalien, und jetzt, mit diesem Krieg, da rollt die geistige Substanz wie Donner zwischen den Hügeln.« Er hielt inne, schien aufzuhorchen, lächelte, schleuderte seinen Kopf hoch und redete weiter: –

»Da hätten wir eine kleine elektrische Batterie und ein Stück Gummi, um den Draht zu isolieren – insulieren? – isolieren? – nun gut, die Details schenken wir uns, es ist zwecklos, in die Details zu gehen, das würde unverständlich – also kurzgesagt, dieser kleine Apparat steht an einer geeigneten Stelle am Kopfende des Bettes, sagen wir, auf einem hübschen Mahagonitischchen. Alle Vorrichtungen sind unter meiner Leitung von den Handwerkern fein säuberlich eingestellt, die Witwe legt ihr Ohr daran und ruft wie vereinbart durch ein Zeichen den Geist herbei. Weiber! Witwen! Weiber in Schwarz –«

Jetzt erst schien er in der Ferne ein Frauenkleid erspäht zu haben, das im Schatten violett-schwarz aussah. Er nahm seinen Hut ab, legte die eine Hand auf sein Herz, und rannte murmelnd und fieberhaft gestikulierend auf sie zu. Aber William packte ihn am Ärmel und streifte mit der Spitze seines Spazierstocks eine Blume, um die Aufmerksamkeit des alten Mannes abzulenken. Nachdem der alte Mann sie in ziemlicher Verwirrung einen Augenblick betrachtet hatte, neigte er sein Ohr zu ihr hinunter und schien einer aus ihr sprechenden Stimme zu antworten, denn er fing an, über die Wälder von Uruguay zu reden, die er vor Hunderten von Jahren in Begleitung der schönsten jungen Frau in ganz Europa besucht hatte. Man konnte ihn von uruguayischen Wäldern murmeln hören, übersät von den Wachsblättern tropischer Rosen, von Nachtigallen, Meeressträndern, Seejungfrauen und Frauen, die im Meer ertrunken waren, während er sich von William weiterziehen ließ, auf dessen Gesicht sich der Ausdruck stoischer Geduld langsam vertiefte.

Seinen Schritten so dicht folgend, daß sie von seinen Gestikulationen einigermaßen verwirrt wurden, kamen zwei ältliche Frauen aus der unteren Mittelschicht des Weges, die eine massig und schwerfällig, die andere rosenwangig und behende. Wie die meisten Menschen ihrer Klasse waren sie von jedwedem Anzeichen von Exzentrizität, das auf einen verwirrten Geist hindeutete, rückhaltlos begeistert, besonders bei den Wohlhabenden; aber sie waren zu weit entfernt, um sicher zu sein, ob die Gestikulationen bloß exzentrisch waren oder echt verrückt. Nachdem sie einen Augenblick lang den Rücken des alten Mannes stillschweigend geprüft hatten und sich einen seltsamen verstohlenen Blick zugeworfen hatten, schritten sie energisch weiter und stückelten ihren ungemein komplizierten Dialog zusammen:

»Nell, Bert, Lot, Cess, Phil, Pa, sagt er, sag ich, sagt sie, sag ich, sag ich, sag ich –«

»Mein Bert, Sis, Bill, Opapa, der alte Mann, Zucker,

Zucker, Mehl, Bücklinge, Grünzeug

Zucker, Zucker, Zucker«

Die Massige sah mit einem merkwürdigen Gesichtsausdruck durch das Muster herabrieselnder Worte auf die Blumen, die kühl, fest und aufrecht in der Erde standen. Sie sah sie an wie ein Schläfer, der aus einem schweren Schlaf erwacht, einen Messingleuchter ansieht, der das Licht auf ungewöhnliche Weise reflektiert, und dann seine Augen schließt, sie öffnet, und als er wieder den Messingleuchter sieht, schließlich hellwach zu werden beginnt und den Leuchter aus Leibeskräften anstarrt. So kam die schwere Frau dem ovalen Blumenbeet gegenüber zum Stillstand und gab auch nicht weiter vor, dem was die Andere redete zuzuhören. Sie stand da, ließ die Worte an sich herabrieseln und wiegte den Oberkörper vor und zurück, während sie die Blumen betrachtete. Dann schlug sie vor, daß sie eine Sitzgelegenheit suchen und ihren Tee nehmen sollten.

Die Schnecke hatte nun jedwede Möglichkeit überdacht, ihr Ziel zu erreichen, ohne rund um das Blatt kriechen oder es übersteigen zu müssen. Abgesehen von der erforderlichen Anstrengung, ein Blatt zu übersteigen, zweifelte sie, ob die feine Textur des Blattes, das schon, wenn es von der Spitze ihrer Fühler berührt wurde, mit einem derartig alarmierenden Geknister erzitterte, ihr Gewicht aushalten würde; und das bewog sie schließlich, unten hindurch zu kriechen, denn da war eine Stelle, an der das Blatt hoch genug vom Boden abgehoben war, um dies zuzulassen. Gerade hatte sie ihren Kopf in die Öffnung gesteckt und hatte das hohe braune Dach in Augenschein genommen und gewöhnte sich an das kühle braune Licht, als zwei weitere Menschen draußen auf dem Rasen vorbeikamen. Dieses Mal waren beide jung, ein junger Mann und eine junge Frau. Sie standen beide in der Blüte ihrer Jugend oder sogar in der Zeit, die der Jugendblüte vorausgeht, der Zeit, bevor die glatten blaßrosa Falten der Blume ihre klebrige Kapsel gesprengt haben, wenn die Flügel des Schmetterlings, obgleich vollkommen ausgewachsen, sich reglos in der Sonne halten.

»Zum Glück ist heute nicht Freitag«, bemerkte er.

»Wieso? Glaubste an Glück?«

»Freitags muß man einen Sixpence blechen.«

»Was is denn schon ein Sixpence? Ist es keinen Sixpence wert?«

»Was heißt ›es‹ – was meinste mit ›es‹?«

»Och irgendwas – ich mein – du weißt schon, was ich mein.«

Lange Pausen traten zwischen diese Äußerungen: vorgebracht von tonlosen und monotonen Stimmen. Das Paar stand still am Rand des Blumenbeets und gemeinsam drückten sie die Spitze ihres Sonnenschirms tief in die weiche Erde. Der Vorgang sowie die Tatsache, daß seine Hand oben auf der ihren ruhte, drückten auf sonderbare Weise ihre Gefühle aus, so wie diese kurzen bedeutungslosen Wörter auch irgendetwas ausdrückten, Wörter mit kurzen Flügeln, gemessen an ihrem schweren Bedeutungskörper, unzureichend um sie weit zu tragen, und so landeten sie täppisch auf den ganz gewöhnlichen Dingen, die sie umgaben und die für ihre unerfahrene Berührung zu klobig waren: aber wer weiß (so dachten sie, als sie den Sonnenschirm in die Erde drückten), was für jähe Abgründe nicht in ihnen verborgen waren, oder welche Eishänge auf der anderen Seite glitzerten? Wer weiß? Wer hat dies je zuvor gesehen? Selbst wenn sie gern wissen wollte, was man in Kew wohl für einen Tee bekäme, spürte er, daß hinter ihren Worten etwas aufschimmerte und unermeßlich und fest hinter ihnen stand; und sehr langsam hob sich der Nebel und enthüllte – Ach du lieber Himmel – was waren das für Gebilde? – kleine weiße Tischchen, und Kellnerinnen, die zuerst sie anschauten und dann ihn; und da war eine Rechnung, die er mit einem wirklichen Zweischillingstück bezahlen würde, und es war wirklich, ganz wirklich, dessen vergewisserte er sich, indem er mit der Münze in seiner Tasche spielte, wirklich für alle, außer für ihn und für sie; selbst für ihn schien es wirklich zu werden; und dann – aber es war zu aufregend, so dazustehen und weiter nachzudenken, und mit einem Ruck zog er den Sonnenschirm aus der Erde und hielt ungeduldig nach dem Ort Ausschau, an dem man mit anderen Menschen, wie andere Menschen, Tee trinken konnte.

»Komm jetzt, Trissie; höchste Zeit für unseren Tee.«

»Wo in aller Welt trinkt man denn seinen Tee?« fragte sie mit einem höchst sonderlich erregten Beben in der Stimme, während sie vage um sich schaute und sich weiter den Wiesenweg hinunterschleppen ließ, den Sonnenschirm hinter sich her ziehend, den Kopf dahin und dorthin drehend, ihren Tee vergessend, dahinüber und dorthinüber laufen wollend, sich an Orchideen und Kraniche zwischen wilden Blumen erinnernd, an eine chinesische Pagode und an einen Vogel mit karmesinroter Haube; doch er zog sie fort.

In dieser Weise zog ein Paar nach dem anderen mit genau derselben ungleichmäßigen und ziellosen Bewegung an dem Blumenbeet vorüber und wurde Schicht um Schicht in grünblauen Dunst gehüllt, in dem zunächst ihre Körper Substanz und einen Schuß Farbe hatten, doch später lösten sich beide, Substanz und Farbe, in der grünblauen Atmosphäre auf. Wie heiß es war! So heiß, daß sogar die Drossel zu hüpfen beschloß, ein mechanischer Vogel im Schatten der Blumen, mit langen Pausen zwischen einer Bewegung und der nächsten; anstatt unbestimmt umherzuschweifen, tanzten die weißen Schmetterlinge übereinander und ließen mit ihren weißen, sich hierhin und dahin verschiebenden Flocken über den höchsten Blumen die Kontur einer zerschlagenen Marmorsäule entstehen; die Glasdächer des Palmenhauses leuchteten, als ob sich in der Sonne ein ganzer Marktplatz voller glänzend grüner Schirme aufgetan hätte; und in das Dröhnen des Flugzeugs hinein murmelte die Stimme des Sommerhimmels wild und inbrünstig. Gelb und schwarz, rosarot und schneeweiß, Gestalten in all diesen Farben, Männer, Frauen und Kinder, wurden sekundenlang an den Horizont getupft, und dann, als sie die Fülle von Gelb, die über dem Gras lag, sahen, taumelten sie und suchten Schatten unter den Bäumen, lösten sich in der gelben und grünen Atmosphäre wie Wassertropfen auf, färbten sie zaghaft mit Rot und Blau. Es schien, als seien alle plumpen und schweren Körper in der Hitze reglos niedergesunken und lägen ineinander verknäult auf dem Boden, aber ihre Stimmen kamen taumelnd aus ihnen hervor, als ob sie Flammen wären, die den dicken Wachskörpern der Kerze entführen. Stimmen, ja, Stimmen, wortlose Stimmen, die plötzlich die Stille mit einer solch tiefen Befriedigung durchbrachen, solch einer Leidenschaft des Begehrens, oder, in den Stimmen der Kinder, solcher Frische des Erstauntseins; durchbrachen die Stille? Aber da war keine Stille; die ganze Zeit ließen die Omnibusse die Räder kreisen und wechselten die Gänge; wie ein unermeßlicher Satz stahlgeschmiedeter chinesischer Büchsen, die sich unaufhörlich ineinander drehten, murmelte die Stadt; und darüber schrien die Stimmen laut auf, und die Blütenblätter von Myriaden von Blumen blitzten ihre Farben in die Luft.

(»Kew Gardens«, in: *Das Mal an der Wand*)

Am folgenden Samstagnachmittag um Viertel nach drei saß Ralph Denham am Ufer des Sees in Kew Gardens und unterteilte mit dem Zeigefinger das Zifferblatt seiner Uhr in einzelne Abschnitte. Das gerechte und unerbittliche Wesen der Zeit spiegelte sich in seinem Gesicht. Er hätte eine Hymne auf den hast- und rastlosen Gang dieser Gottheit komponieren können. Während Minute um Minute verstrich, schien er sich mit düsterer Ergebung dieser unumstößlichen Gesetzmäßigkeit zu fügen. Seine Miene war so ernst, so ruhig, so unbewegt, daß offenbar zumindest für ihn die dahinfließende Stunde eine Erhabenheit besaß, die kein kleinlicher Ärger auf seiner Seite trüben sollte, obwohl mit der schwindenden Zeit auch seine eigenen großen Hoffnungen dahinschwanden.

Auf seinem Gesicht ließ sich recht gut ablesen, was in ihm vorging. Er befand sich in einem solch exaltierten seelischen Zustand, daß ihm jeder Blick für die Banalitäten des täglichen Lebens abging. Er vermochte die Tatsache, daß sich eine Dame bei einer Verabredung um fünfzehn Minuten verspätete, nicht hinzunehmen, ohne in diesem Zufall die Frustration seines ganzen Lebens zu erkennen. Wenn er auf seine Uhr sah, schien er tief in die Urgründe menschlicher Existenz zu blikken, und bei dem, was er dort sah, änderte er seinen Kurs in Richtung Nord und Mitternacht … Ja, man mußte seine Reise ganz ohne Gefährten wagen, durch Eis und schwarzes Wasser – auf welches Ziel hin? Hier legte er seinen Finger auf die halbe Stunde und beschloß, zu gehen, wenn der Minutenzeiger auf diesen Punkt rückte, während er gleichzeitig eine der vielen Fragen, die sich in seinem Bewußtsein stellten, dahingehend beantwortete, daß zweifellos ein Ziel existierte, doch daß es unerbittlicher Tatkraft bedurfte, auch nur halbwegs auf Kurs dorthin zu bleiben. Und doch, und doch setzt man den Weg fort, schienen ihm die tickenden Sekunden zu versichern, mit Würde, mit offenen Augen, mit der Entschlossenheit, nicht das Zweitrangige zu akzeptieren, sich nicht von Unwürdigem in Versuchung führen zu lassen, nicht zu wanken, nicht nachzugeben. Fünfundzwanzig Minuten nach drei zeigte seine Uhr jetzt an. In dieser Welt, so versicherte er sich, weil Katharine Hilbery nun schon um eine halbe Stunde verspätet war, gab es weder Glück noch ein Ausruhen vom Kampf, noch irgendeine Gewißheit. In einem von Anfang an ganz falsch zusammengefügten System von Dingen bildete Hoffnung die einzige unverzeihliche Torheit. Er hob seinen Blick für einen Augenblick vom Zifferblatt seiner Uhr und ließ ihn zum gegenüberliegenden Ufer schweifen, beschaulich und nicht ohne eine gewisse Wehmut, als wäre seine Strenge noch immer der Milderung fähig. Bald sprach tiefste Befriedigung aus seinem Blick, obwohl er sich einen Augenblick lang nicht rührte. Er beobachtete eine Dame, die eilends und doch leicht zögernd über den breiten Rasenpfad auf ihn zukam. Sie sah ihn nicht. Die Distanz verlieh ihrer Gestalt eine unbeschreibliche Größe, und ein violetter Schleier, den die leichte Brise bauschte und über ihren Schultern schweben ließ, schien sie mit Romantik zu umhüllen.

»Da kommt sie, wie ein Schiff unter vollen Segeln«, sagte er, sich halb irgendeiner Zeile aus einem Stück oder Gedicht erinnernd, wo die Heldin so mit wehenden Federn heranrauschte und Arien sie begrüßten. Das Grün und die majestätischen Bäume umgaben sie, als träten sie vor, weil sie kam. Er stand auf, und sie sah ihn; ihr kleiner Ausruf bewies, daß sie froh war, ihn zu finden, aber auch, daß sie sich wegen ihrer Verspätung Vorwürfe machte.

»Warum haben Sie mir nie davon erzählt? Ich wußte nicht, daß es das hier gibt«, bemerkte sie und meinte den See, die weite Grünfläche, die Baumreihen, das Kräuselgold der Themse in der Ferne und das herzogliche Schloß, das inmitten seiner Wiesen stand. Den starren Schwanz des herzoglichen Löwen bedachte sie mit ungläubigem Gelächter.

»Sie sind nie in Kew gewesen?« sagte Denham.

Doch es stellte sich heraus, daß sie als kleines Kind einmal hier gewesen war als die Anlagen völlig anders aussahen und zur Fauna sicherlich Flamingos und vielleicht sogar Kamele gehörten. Sie schlenderten weiter, wobei sie diese legendären Gärten wieder auferstehen ließen. Sie war froh, das spürte er, nur zu schlendern und zu bummeln und ihre Phantasie von allem inspirieren zu lassen, worauf ihr Blick traf – einem Busch, einem Parkwächter, einer prächtig gefärbten Gans –, als übe diese Ablenkung eine beruhigende Wirkung auf sie aus. Der warme Nachmittag, der erste in diesem Frühling, verleitete sie, sich auf eine Bank auf einer Buchenlichtung zu setzen, von der ringsum Waldwege abzweigten, deren grüne Schneisen hierhin und dorthin liefen. Sie seufzte tief.

»Es ist so friedlich«, sagte sie, wie um ihr Seufzen zu erklären. Keine Menschenseele war zu sehen, und das Rütteln des Windes in den Zweigen, dieses Geräusch, das Londoner so selten hören, schien ihr wie von unergründlichen, süß duftenden Luftozeanen in der Ferne herüberzuwehen.

Während sie atmete und schaute, legte Denham mit der Spitze seines Stocks eine Gruppe grüner Spitzen frei, die halb erstickt unter dem Laub aus dem Boden ragten. Er tat es mit der besonderen Sorgfalt des Botanikers. Als er ihr die kleine grüne Pflanze benannte, gebrauchte er den lateinischen Namen, mit dem er eine Blume tarnte, die auch in Chelsea bekannt war, und entlockte Katherine so einen leise amüsierten Ausruf über seine Kenntnisse. Ihre Unwissenheit sei gewaltig, gestand sie. Wie zum Beispiel nannte man diesen Baum gegenüber, angenommen, man geruhte, ihn bei seinem englischen Namen zu nennen? Buche oder Ulme oder Bergahorn? Ein abgestorbenes Blatt bewies, daß es sich um eine Eiche handelte; und ein kurzer Blick auf das Diagramm, das Denham auf einen Umschlag zu zeichnen begann, setzte Katharine bald in Kenntnis über einige der fundamentalen Unterscheidungsmerkmale britischer Bäume. Sie bat ihn daraufhin, sie über Blumen zu unterrichten. Für sie waren es mannigfaltig geformte und gefärbte Blütenblätter, die zu verschiedenen Jahreszeiten auf einander sehr ähnlichen grünen Stengeln thronten; doch für ihn waren es zuerst Zwiebeln oder Samen und später lebende Wesen, ausgestattet mit Geschlecht und Poren und der Fähigkeit, sich durch alle möglichen sinnreichen Einrichtungen dem Leben und dem Zeugen von Leben anzupassen, und deren Äußeres gedrungen oder spitz zulaufend, feuerfarben oder fahl, rein oder gefleckt gestaltet sein konnte, aufgrund von Prozessen, die vielleicht die Geheimnisse des menschlichen Daseins enthüllen könnten. Denham sprach mit wachsender Inbrunst von einem lange heimlich gehegten Hobby. Kein Vortrag hätte in Katharines Ohren willkommener klingen können. Seit Wochen hatte sie nichts mehr gehört, das so angenehme Musik in ihrem Geist erklingen ließ. Es weckte Echos in all den abgelegenen Winkeln ihres Wesens, wo die Einsamkeit so lange ungestört gebrütet hatte.

Sie wünschte, er würde ewig weiter über Pflanzen sprechen und ihr zeigen, daß die Wissenschaft auf der Suche nach dem Gesetz, das ihre endlosen Variationen regierte, nicht völlig blind umhertastete. Ein vielleicht unerforschliches, aber gewiß allmächtiges Gesetz sagte ihr im Moment zu, weil sie nichts Vergleichbares finden konnte, wodurch das Leben der Menschen beherrscht wurde. Die Umstände hatten sie, wie die meisten Frauen in der Blüte der Jugend, lange gezwungen, schmerzlich und peinlich genau ihre Gedanken jenem Teil des Lebens zu widmen, der auffallend ungeordnet ist; sie hatte über Launen und Wünsche nachdenken müssen, über Grade der Sympathie oder Abneigung und deren Auswirkungen auf das Schicksal von Menschen, die ihr lieb waren; sie war gezwungen gewesen, sich jede Betrachtung jenes anderen Teils des Lebens zu versagen, in dem der Verstand ein Schicksal konstruiert, das von Menschen unabhängig ist. Während Denham sprach, folgte sie seinen Worten und erwog ihre Bedeutung mit einer mühelosen geistigen Vitalität, die von einer Auffassungsgabe zeugte, die lange ungenutzt brachgelegen hatte. Die Bäume und die Grünflächen, die mit der blauen Ferne verschmolzen, wurden zu Symbolen der ungeheuer großen äußeren Welt, die sich so wenig um das Glück, um die Ehe oder um das Sterben einzelner Menschen schert. Um ihr mit Beispielen zu belegen, was er sagte, führte Denham sie zuerst zum Steingarten und dann zum Orchideenhaus.

Die Richtung, die das Gespräch genommen hatte, bot ihm Sicherheit. Seine Emphase mochte persönlicheren Gefühlen entspringen als denen, welche die Wissenschaft in ihm erweckte, doch sie war gut getarnt, und zu erläutern und zu erklären fiel ihm von Natur aus leicht. Und dennoch: als er Katharine inmitten der Orchideen sah und bemerkte, wie seltsam die phantastischen Pflanzen, die sie aus gestreiften Kapuzen und fleischigen Kehlen anzustarren und zu begaffen schienen, ihre Schönheit hervorhoben, schwand seine Begeisterung für Botanik, und ein komplizierteres Gefühl stellte sich ein. Sie verstummte. Ihre Gedanken schienen ganz von den Orchideen gefesselt. Wider die Vorschriften streckte sie die bloße Hand aus und berührte eine. Der Anblick der Rubine an ihrem Finger traf ihn so unangenehm, daß er zusammenfuhr und sich abwandte. Doch im nächsten Augenblick hatte er sich wieder gefaßt; er beobachtete, wie sie eine sonderbare Form nach der anderen so nachdenklich, ja meditierend betrachtete wie jemand, der nicht eigentlich sieht, was vor ihm liegt, sondern sich in dahinterliegende Regionen vortastet. Dem abwesenden Blick fehlte jede Befangenheit. Denham bezweifelte, daß sie sich seiner Gegenwart bewußt war. Er konnte sich natürlich durch ein Wort oder eine Bewegung in Erinnerung bringen – doch wozu? Sie war glücklicher so. Sie brauchte nichts, das er ihr geben konnte. Und auch für ihn war es vielleicht am besten, sich abseits zu halten, nur zu wissen, daß sie existierte, zu bewahren, was er bereits hatte – vollkommen, entrückt und ungebrochen. Zudem illustrierte sie, wie sie still in dieser heißen Luft zwischen den Orchideen stand, auf sonderbare Weise eine Szene, die er sich in seinem Zimmer zu Hause vorgestellt hatte. Der Anblick, der sich mit seiner Erinnerung vermischte, ließ ihn auch dann noch schweigen, als sich die Tür hinter ihnen geschlossen hatte und sie weitergingen. (Aus: *Nacht und Tag*)

Erkennen wir die Grünfläche und den Kirchturm mittendrin und das Tor mit den beiderseits kauernden Löwen? O ja, es ist Kew! Und Kew soll uns genügen. Wir sind also in Kew, und ich zeige Ihnen heute (am zweiten März) unter dem Pflaumenbaum eine Traubenhyazinthe und einen Krokus und auch eine Knospe am Mandelbaum; was heißt, dass man, wenn man sich dort ergeht, an haarige und rötliche Blumenzwiebeln denkt, die im Oktober in die Erde gesteckt werden, die nun blühen, dass man von mehr träumt, als zu sagen schicklich wäre, und dass man eine Zigarette oder sogar eine Zigarre aus dem Futteral nimmt und ein Gewand (wie der Reim es erfordert) an den Baumesrand wirft und dort sitzt und auf den Eisvogel wartet, von dem es heißt, man habe einmal gesehen, wie er abends vom einen Ufer zum anderen flog. (Aus: *Orlando*)

Nach dem Lunch traf ich L. an der Pforte von Kew Gardens, & wir spazierten nach Richmond zurück durch den Park, der jetzt spürbar von Knospen & Knollen strotzt, obwohl keine Spitze zu sehen ist.   *Tagebuch, 26. Januar 1915*

Es war abwechselnd schön & naß, mit anhaltend starkem kalten Wind. Wir gingen nach Kew & sahen einen brandroten Busch, so rot wie Kirschblüten, aber intensiver – frostrot – auch Möwen, die aufstiegen & sich fallen ließen nach Fleischstücken, ihre Schar wurde plötzlich beiseite geweht von drei sehr eleganten hellgrauen Kranichen. Wir gingen auch ins Orchideenhaus, wo diese finsteren Reptilien in einer tropischen Hitze leben, so daß sie sogar jetzt in der Kälte in nichts als ihrem gefleckten & gestreiften Fleisch hervorkommen. Sie wecken immer den Wunsch in mir, sie in einem Roman unterzubringen.   *Tagebuch, 26. November 1917*

Heute (Samstag) gingen wir nach Kew. Schneeglöckchen, Zwergalpenveilchen, winzige Rhododendren sind schon heraus; auch die Spitzen von einigen Blausternen oder Krokus, die durch das Gras & die toten Blätter kommen.

Tagebuch, 25. Januar 1918

Gestern boten die Magnolien in Kew Gardens einen höchst melancholischen Anblick; die großen rosa getönten Blüten gerade dabei, sich zu der prachtvollsten aller Blumen zu öffnen, & nun braun geworden & verschrumpelt, um sich nie mehr zu öffnen & häßlich zu sein, so lange sie leben. Wir bemerkten, daß mehrere Zweige in weißen Handschuhen endeten, laut L. ein Zeichen, daß ein Pfropfversuch ausprobiert wird. Sogar die Narzissen sind ganz krummgeblasen. Die Obstbäume braun & abgeknabbert. Das Wetter bleibt weiter windig & regnerisch & gelegentlich Schnee.

Tagebuch, 21. April 1918

Wir waren eben jetzt in Kew. Ich kann nur sagen, dies ist der früheste & schönste & längste Frühling, an den ich mich entsinnen kann. Die Mandelbäume voller Blüten.

Tagebuch, 3. März 1920

Wir sind gestern in Kew gewesen, & wenn Pflanzenaufzeichnungen verlangt werden, dann ist dies ein Hinweis, daß gestern der beste Tag für Kirschblüten Birnbäume & Magnolien war. Eine wunderschöne weiße mit schwarzen Blütenkelchen: eine andere purpurgetönt, die gerade abfiel. Noch eine & noch eine. Und die gelben Sträucher & die Narzissen im Gras. Dann spazierten wir durch Richmond – ein langer Weg längs den Teichen.

Tagebuch, 1. April 1935

Regent's Park

An einem Dezembernachmittag um 4:30 ist Regent's Park ein trübsinniger Ort. So viele dunkelrote Blätter scheinen platt auf dem Weg zu liegen. Dann fangen die Parkwächter zu pfeifen an, & ich erinnere mich, wie ich als Kind Angst hatte, eingeschlossen zu werden. Dann rollt der Nebel heran über diese weite offene Fläche. Auf der einen Seite von einem grunzen & knurren die gewöhnlicheren Tiere im Zoo – hauptsächlich Schweine jetzt, aus Kriegsgründen vermutlich.

Tagebuch, 3. Dezember 1918

Ich sinniere, wie gewöhnlich, wie ich mein Schicksal verbessern könnte; & werde damit anfangen, heute nachmittag allein in Regents Park spazierenzugehen. Worum es mir geht ist, warum man auch nur eine einzige Sache machen sollte, die man nicht machen will – zum Beispiel, einen Hut kaufen oder ein Buch lesen?

Tagebuch, 13. Juli 1932

Zweifellos besteht das größte Glück in der Welt darin, durch Regents Park zu spazieren an einem grünen, aber nassen – grünen aber rot, rosa & blauen Abend – die Blumenbeete, meine ich, die aus dem allgemeinen diesigen Regen auftauchen, – & sich Sätze auszudenken […]. Wieso ist das gut, um Sätze entstehen zu lassen, so daß ich meinen Bus verließ, 2d Fahrgeld verschwendete & durch Regents Park ging.

Tagebuch, 6. Juni 1935

[…] schaute dem Abend zu: ach & die lilagrauen Wolken über dem Regents Park und die violettfarbenen & gelben Himmelszeichen ließen mich vor Freude hüpfen.

Tagebuch, 29. Juni 1939

[…] gingen wir im Regents Park spazieren. Ich achte immer auf das Wetter, wenn Menschen sterben, als würde die Seele wahrnehmen, ob es regnet oder windig ist.

Tagebuch, 3. Juli 1939

Lucrezia Warren Smith, an der Seite ihres Mannes auf einer Bank am Broad Walk in Regent's Park sitzend, blickte hinauf. »Sieh doch, sieh doch, Septimus!«, rief sie. Denn Dr. Holmes hatte ihr gesagt, sie solle ihren Mann (dem überhaupt nichts Ernstliches fehle, der nur nicht ganz in Ordnung sei) für Dinge außerhalb seiner selbst interessieren.

So, dachte Septimus und blickte hinauf, sie signalisieren mir also. Nicht allerdings in wirklichen Wörtern; das heißt, er konnte die Sprache noch nicht entziffern; doch sie war deutlich genug, diese Schönheit, diese auserlesene Schönheit, und Tränen füllten seine Augen, als er den Rauchwörtern nachsah, wie sie am Himmel schwanden und schmolzen und ihm in ihrer unerschöpflichen Barmherzigkeit und lachenden Güte ein Bild von unvorstellbarer Schönheit nach dem andern zuteilwerden ließen und ihre Absicht signalisierten, ihn für nichts, für immer, für sein bloßes Hinsehen, mit Schönheit, immer mehr Schönheit zu versehen! Tränen rannen seine Wangen hinunter. […] Eine wunderbare Entdeckung in der Tat – daß die menschliche Stimme unter bestimmten atmosphärischen Bedingungen (denn man mußte wissenschaftlich sein, vor allem wissenschaftlich) Bäume zum Leben erwecken kann! Glücklicherweise legte Rezia ihre Hand mit einem ungeheuren Gewicht auf sein Knie, so daß er niedergepreßt, festgenagelt war, oder die Erregung über das Steigen und Sinken, das Steigen und Sinken der Ulmen mit all ihren entflammten Blättern und der Farbe einer brechenden Woge, dünnend und dikkend von Blau zu Grün, wie Federbüsche auf den Köpfen von Pferden, Federn auf denen von Damen, so stolz stiegen und senkten sie sich, so prachtvoll, hätte ihn irrsinnig gemacht. Aber er würde nicht irrsinnig werden. Er würde seine Augen schließen; er würde nichts mehr sehen.

Aber sie winkten; Blätter waren lebendig; Bäume waren lebendig. Und da die Blätter durch Millionen Fibern mit seinem eigenen Körper, da auf der Bank, zusammenhingen, fächelten sie ihn auf und ab; wenn der Zweig sich streckte, gab auch er diese Äußerung von sich. Die Sperlinge, in gezackten Fontänen flatternd, steigend und fallend, waren ein Teil des

Musters; das Weiß und das Blau, vergittert von schwarzen Zweigen. Töne schufen mit Vorbedacht Harmonien; die Räume zwischen ihnen waren ebenso bedeutsam wie die Töne. Ein Kind schrie. Im rechten Augenblick ertönte weit weg eine Hupe. Alles zusammen bedeutete die Geburt einer neuen Religion – [...]

Die Menschen dürften keine Bäume fällen. Es gibt einen Gott. (Er notierte solche Offenbarungen auf den Rückseiten von Briefumschlägen.) Die Welt verändern. Niemand tötet aus Haß. Verkünde es (er schrieb es auf). Er wartete. Er horchte. Ein Sperling auf dem Geländer gegenüber zwitscherte Septimus, Septimus, vier- oder fünfmal hintereinander, und fuhr, seine Töne in die Länge ziehend, fort, hell und durchdringend auf Griechisch zu singen, daß es kein Verbrechen gebe, und, von einem anderen Sperling begleitet, sangen sie mit anhaltenden und durchdringenden Stimmen auf Griechisch, aus Bäumen auf der Flur des Lebens jenseits eines Flusses, wo die Toten wandeln, daß es keinen Tod gebe. [...]

Weg von den Leuten – sie müßten von den Leuten weg, sagte er (aufspringend), ganz weg, dorthin, wo Stühle unter einem Baum waren und der lange Abhang des Parks sich senkte wie eine Bahn grünen Stoffs mit einem Bühnenhimmel aus blauem und rosa Rauch hoch darüber, und da war ein Wall aus fernen, unregelmäßigen Häusern, verschleiert von Dunst, der Verkehr summte im Kreis, und rechts davon streckten dunkelfarbene Tiere lange Hälse über den Bretterzaun des Zoos, bellend, heulend. Dort setzten sie sich unter einen Baum.

»Sieh doch«, flehte sie ihn an und wies auf eine kleine Gruppe Jungen, die Kricketpfähle trugen, und einer schlurfte, drehte sich auf dem Absatz und schlurfte, als spiele er einen Clown im Varieté.

»Sieh doch«, flehte sie ihn an, denn Dr. Holmes hatte ihr gesagt, sie solle ihn auf wirkliche Dinge aufmerksam machen, ins Varieté gehen, Kricket spielen – das sei genau das richtige Spiel, sagte Dr. Holmes, ein hübsches Spiel an der frischen Luft, genau das richtige Spiel für ihren Mann.

»Sieh doch«, wiederholte sie.

[...]

Den Weg zur U-Bahn-Station Regent's Park – könnten sie ihr den Weg zur U-Bahn-Station Regent's Park sagen – wollte Maisie Johnson wissen. Sie sei erst vor zwei Tagen aus Edinburgh angekommen.

»Nicht da lang – dort drüben!«, ereiferte sich Rezia und winkte sie beiseite, damit sie bloß Septimus nicht sehe.

Beide schienen komisch zu sein, dachte Maisie Johnson. Alles schien sehr komisch. Zum ersten Mal in London, gekommen, um eine Stellung bei ihrem Onkel in Leadenhall Street anzutreten, und jetzt am Morgen unterwegs durch Regent's Park, da jagte ihr dieses Paar auf den Stühlen einen gehörigen Schreck ein: die junge Frau schien eine Ausländerin zu sein, der Mann blickte so komisch; so daß sie, auch wenn sie sehr alt würde, sich immer daran erinnern und es wieder in ihrem Gedächtnis rasseln lassen würde, wie sie an einem schönen Sommermorgen vor fünfzig Jahren durch Regent's Park gegangen sei. Denn sie war erst neunzehn und hatte endlich erreicht, nach London zu dürfen; und wie komisch das jetzt war, dieses Paar, das sie nach dem Weg gefragt hatte, und das Mädchen schreckte auf und wedelte mit der Hand, und der Mann – er schien schrecklich seltsam zu sein; im Streit, vielleicht; Abschied für immer, vielleicht; etwas war los, das wußte sie; und jetzt all diese Leute (denn sie kehrte zum Broad Walk zurück), die steinernen Becken, die Zierblumen, die alten Männer und Frauen, die meisten Invaliden in Rollstühlen – alles schien, nach Edinburgh, so komisch. Und Maisie Johnson, als sie sich dieser ruhig dahintrottenden, leer stierenden, brisegeküßten Gesellschaft anschloß – hockenden und sich putzenden Eichhörnchen, nach Krumen flatternden Sperlingsfontänen, an den Geländern beschäftigten, mit einander beschäftigten Hunden, während die linde warme Luft sie überspülte und dem starren, unerstaunten Blick, mit dem sie das Leben hinnahmen, etwas Schrulliges und Sanftmütiges verlieh – Maisie Johnson hatte buchstäblich das Gefühl, Oh! schreien zu müssen (denn dieser junge Mann auf dem Stuhl hatte ihr einen ordentlichen Schreck eingejagt. Etwas war los, das wußte sie).

Grauen! Grauen! hätte sie schreien mögen. (Sie hatte ihre Leute verlassen; sie hatten sie gewarnt vor dem, was geschehen würde.)

Warum sei sie nicht zu Hause geblieben? schrie sie und drehte an dem Knopf des Eisengeländers.

Dieses Mädchen, dachte Mrs Dempster (die sich Brotkrusten für die Eichhörnchen absparte und oft ihren Imbiß im Regent's Park aß), hat noch von nichts eine Ahnung; und es erschien ihr wirklich besser, ein bißchen gedrungen, ein bißchen träge, ein bißchen bescheiden in seinen Erwartungen zu sein. Percy trank. Schön, besser, einen Sohn zu haben, dachte Mrs Dempster. Sie hatte eine schwere Zeit gehabt und konnte bloß lachen über ein Mädchen wie dieses. Du wirst heiraten, denn du bist hübsch genug, dachte Mrs Dempster. Heirate, dachte sie, und dann wirst du Bescheid wissen. Ach, die Köchinnen, und so. Jeder Mann hat seine Eigenarten. Aber ob ich mich genauso entschieden hätte, wenn ichs hätte vorher wissen können, dachte Mrs Dempster und hätte zu gern Maisie Johnson etwas zugeflüstert; auf dem faltigen Beutel ihres abgenutzten alten Gesichts den Kuß des Mitleids gespürt. Denn es ist ein hartes Leben gewesen, dachte Mrs Dempster. Was hatte sie nicht alles hergegeben? Rosen; Aussehen; auch ihre Füße. (Sie zerrte an den knotigen Geschwülsten unter ihrem Rock.)

Rosen, dachte sie bitter. Alles Plunder, meine Liebe. Denn wirklich, was das Essen, das Trinken, die Paarung anging, die schlechten Tage und die guten, so war das Leben keine reine Angelegenheit von Rosen gewesen, aber was wichtiger war, laß dirs sagen, Carrie Dempster hatte nicht den leisesten Wunsch, ihr Los mit irgendeiner Frau in Kentish Town zu tauschen! Aber, flehte sie, Mitleid. Mitleid, der verlorenen Rosen wegen. Mitleid forderte sie von Maisie Johnson, die an den Hyazinthenbeeten stand.

* * *

Er brauchte nur seine Augen zu öffnen; aber ein Gewicht lag auf ihnen; eine Angst. Er drängte; er drückte; er blickte; er sah Regent's Park vor sich. Lange Bahnen von Sonnenlicht umschmeichelten seine Füße. Die Bäume winkten, schwenkten. Wir heißen willkommen, schien die Welt zu sagen; wir empfangen; wir erschaffen. Schönheit, schien die Welt zu sagen. Und wie um es zu beweisen (wissenschaftlich), brach, wo immer er hinblickte, auf die Häuser, auf die Geländer, auf die Antilopen, die sich über die Zäune reckten, augenblicklich Schönheit hervor. Ein Blatt zu beobachten, das im Rauschen des Windes erzitterte, war eine erlesene Freude. Oben am Himmel Schwalben, niederstürzend, abdrehend, sich hinein- und herauswerfend, rundherum und rundherum, aber immer in vollkommener Beherrschung, wie von Gummibändern gehalten; und die Fliegen, steigend und fallend; und die Sonne, bald dieses Blatt sprenkelnd, bald jenes, aus Übermut, sie mit weichem Gold aus lauter Lust blendend; und hin und wieder ein Klang (es könnte eine Autohupe sein), göttlich an den Grasstengeln klingelnd – das alles, geruhsam und vernünftig, wie es war, aus gewöhnlichen Dingen gemacht, wie es war, war jetzt die Wahrheit; Schönheit, die jetzt die Wahrheit war, Schönheit war überall.

(Aus: *Mrs Dalloway*)

Endlich, jeder Nerv war aufs äußerste gespannt und jeder seiner Sinne sirrte, erreichte er Regent's Park. Und als er, nach jahrelanger Abwesenheit, wie ihm schien, dort wieder Gras, Blumen und Bäume erblickte, ertönte der alte Jagdruf der Felder in seinen Ohren, und er schoß los, um zu rennen, wie er auf den Feldern zu Hause gerannt war. Doch jetzt riß ein schweres Gewicht an seiner Kehle; er wurde auf die Schenkel zurückgeworfen. Waren denn das nicht Bäume und Gras? fragte er. Waren die denn nicht Signale der Freiheit? War er denn nicht jedesmal, wenn Miss Mitford sich zu ihrem Spaziergang aufmachte, so losgesprungen? Warum war er hier ein Gefangener? Er blieb stehen. Hier, so stellte er fest, drängten die Blumen sich weitaus dichter als zu Hause; sie standen, Pflanze bei Pflanze, steif auf kleinen Fleckchen Erde. Die Erdflecken waren durchschnitten von harten schwarzen Wegen. Männer mit schimmernden Zylindern marschierten ominös auf diesen Wegen auf und ab. Bei ihrem Anblick drängte er sich schaudernd dichter an den Krankenstuhl. Dankbar akzeptierte er den Schutz der Leine. So hatte sich in seinem Hirn, schon ehe viele solcher Spaziergänge stattgefunden hatten, eine neue Vorstellung eingestellt. Indem er eins zum anderen fügte, war er zu einer Schlußfolgerung gelangt. Wo Blumenbeete sind, sind auch asphaltierte Wege; wo Blumenbeete und asphaltierte Wege sind, da sind auch Männer mit schimmernden Zylindern; wo Blumenbeete sind und asphaltierte Wege und Männer mit schimmernden Zylindern, da müssen Hunde an der Leine geführt werden. Obwohl er auch nicht ein einziges Wort des Schildes am Tor zu lesen vermochte, hatte er seine Lektion gelernt – im Regent's Park sind Hunde an der Leine zu führen.

***

Ein anderer Vorfall ein paar Tage später zeigte, wie weit sie nun voneinander getrennt waren, die sie einander zuvor so nahe gestanden hatten, wie wenig Flush jetzt auf das Mitgefühl Miss Barretts bauen konnte. Nachdem Mr Browning eines Nachmittags gegangen war, beschloß Miss Barrett, mit ihrer Schwester zum Regent's Park zu fahren. Als sie am Tor des Parks ausstiegen, wurde Flushs Pfote in der Tür des vierrädrigen Wagens eingeklemmt. Er »schrie jämmerlich« und hielt sie Miss Barrett mitgefühlheischend hin. Zu anderen Zeiten hätte sie für Geringeres verschwenderisch ihr Mitgefühl über ihm ausgeschüttet. Jetzt trat jedoch ein distanzierter, ein spöttischer, ein prüfender Ausdruck in ihre Augen. Sie lachte ihn aus. Sie glaubte, daß er Theater machte: »… kaum hatte er das Gras berührt, fing er zu rennen an und dachte nicht mehr daran«, schrieb sie. Und sie kommentierte sarkastisch: »Flush macht immer viel Aufhebens um seine Mißgeschicke – er gehört zur Byron-Schule – *il se pose en victime.*« Hierin tat ihm Miss Barrett jedoch, gefangengenommen, wie sie von ihren eigenen Gefühlen war, gründlich Unrecht. Selbst wenn seine Pfote gebrochen gewesen wäre, er wäre noch davongesprungen. Diese blitzartige Bewegung war seine Antwort auf ihren Spott; mit dir bin ich fertig – das war die Botschaft, die er ihr im Rennen zuschleuderte. Die Blumen hatten für ihn einen bitteren Duft; das Gras brannte ihm unter den Pfoten; der Staub füllte seine Nüstern mit Enttäuschung. Doch er jagte dahin – er tobte fort. »Hunde sind an der Leine zu führen« – da stand das Schild wie gewohnt; da waren die Parkwächter mit ihren Zylindern und ihren Schlagstöcken, um ihm Nachdruck zu verleihen. Doch dies »sind an der Leine zu führen« hatte keine Bedeutung mehr für ihn. Die Leine der Liebe war zerrissen. Er würde hinlaufen, wo es ihm gefiel; Rebhühner jagen; Spaniels jagen; mit voller Wucht mitten in die Dahlienbeete stürzen; strahlend schöne, blühende rote und gelbe Rosen knicken. Sollten die Parkwächter doch ihre Schlagstöcke werfen, wenn sie wollten. Sollten sie ihm damit doch das Hirn zerschmettern. Sollte er doch tot, mit aufgeschlitztem Bauch zu Miss Barretts Füßen niedersinken. Was kümmerte es ihn. Doch natürlich geschah nichts dergleichen. Niemand verfolgte ihn; niemand nahm Notiz von ihm. Der einzige Parkwächter sprach mit einem Kindermädchen. Schließlich kehrte er zu Miss Barrett zurück, und sie ließ ihm geistesabwesend das Halsband über den Kopf gleiten und führte ihn nach Hause.   (Aus: *Flush*)

Richmond Park

Wir gingen heute nachmittag in den Richmond Park; die Bäume ganz schwarz, & der Himmel schwer über London; aber es ist genug Farbe da, daß er heute sogar schöner aussieht als an sonnigen Tagen, finde ich. Die Rehe passen genau zu dem Farnkraut.   *Tagebuch, 19. Januar 1915*

Wir verbringen, zum ersten Mal seit vielen Jahren, Ostern in London. Wir hatten wegfahren wollen, alle Vorkehrungen aber innerhalb von 5 Minuten wieder rückgängig gemacht; teilweise, um dem zu entgehen, was die schlimmste Reise aller Zeiten hätte werden können; teilweise, damit L. 10 freie Tage nacheinander hat, was am Ende der Woche möglich sein wird. Ich gestehe, daß ich etwas auf ein verregnetes Ostern hoffte; aber enttäuscht wurde. Sowohl Freitag wie Samstag gaben das Gefühl von schierem Sommer. Wir gingen am Karfreitag am Fluß spazieren & durch den Park, & die Sonne brachte die Menschenmasse unangenehm ins Schwitzen. Sie stapften friedlich daher, in ihren Jacketts & Röcken & Melonen, die Hunde an der Leine, bis auf einen gelegentlichen Terrier, der mit einem Maulkorb versehen war. Mittlerweile ist das Blattgrün mindestens zwei Zentimeter aus den Hüllen geschossen, & heute hat der Baum vor dem Fenster einige vollkommen geformte kleine Blätter, & der Baum hinten im Garten ist so grün wie er es bis in den September sein wird.

Tagebuch, 20. April 1919

Genaugenommen ist heute ein schöner Frühlingstag, kein heißer Sommertag – also haben L. & ich ihn verstreichen lassen und sind heute nachmittag in den Park gegangen. Aber Richmond ist samstags bei schönem Wetter wie ein Zitronenbaum in voller Blüte – man fühlt sich wie ein Insekt, das auf einer Blüte sitzt. Überall wimmelt & schwirrt & plappert es. Weil wir in der Gegend wohnen, machen wir natürlich nicht mit. […] Ich wollte eigentlich sagen, wie wir oberhalb der Zedern im Gras saßen & die Rehe beobachteten; wie ich die halbtransparente Schönheit eines Sonnenschirms im Sonnenlicht bemerkte – wie die Luft jetzt, da die bunten Kleider in ihr zu leuchten scheinen, von einer besonderen Zartheit ist.

Tagebuch, 15. Mai 1920

Am Fluß entlangzuspazieren & durch den Richmond Park trug wesentlich dazu bei, die Lebensgeister zu wecken.

Tagebuch, 16. März 1936

Hampton Court

Eine Expedition nach Hampton Court

Die meisten Londoner haben Italien bereist – die Türkei oder Griechenland – nach Paris oder Schottland fahren sie schon beinahe über das Wochenende – aber meiner Erfahrung nach ist die direkte Umgebung von London selbst unerforschtes Gebiet. Auf ihrer Landkarte könnte es weiß verzeichnet sein, so wie bestimmte Gebiete in Afrika. Es ist die nüchterne Wahrheit, daß ich zwar mein Leben in London verbracht, aber nur ein einziges Mal Hampton Court besichtigt habe. Kew, Richmond, Hampstead sind mir vielleicht ein klein wenig vertrauter – Aus verschiedenen Gründen fällt es einem leichter, fast überall sonst hinzufahren als in die Vororte von London. Es muß ein Tagesausflug sein; mir ist niemand bekannt, der je in Kew oder Hampton Court übernachtet hätte. Es sind im Grunde genommen Orte, die man sich zwischen zwei Zügen ansieht. Man hat gerade einen Sommernachmittag zur freien Verfügung – überlegt sich, daß man diese Orte eigentlich ein bißchen besser kennen sollte, & so findet man sich sehr zur eigenen Überraschung etwa alle zwölf Jahre beim Spaziergang durch die Orangerie von Kew wieder oder lenkt seine Schritte durch den Irrgarten von Hampton Court. Ich bin immer wieder überrascht – angenehm überrascht, wenn ich mich hier wiederfinde. Nichtsdestotrotz lasse ich Jahre vorüberziehen

& schaffe mich in alle Ecken Englands, bevor ich wieder dorthin fahre. Der Sommernachmittag kommt nie – oder man
verbringt ihn in den Gärten, die vor der eigenen Tür liegen.
Das fällt mir auf, weil wir es heute tatsächlich geschafft haben:
wir waren in Hampton Court. Es stimmt, wir haben die Fahrt
ein Jahr lang geplant – und vielleicht werden zwölfe vergehen,
bevor wir uns daranmachen, wieder eine zu planen – aber was
ich heute schreibe, weiß ich absolut aus erster Hand. Meine
Informationen stammen nicht aus einem Reiseführer oder Rei-
seerzählungen. Ich habe alles, was ich beschreibe, mit eigenen
Augen gesehen. […]

Um halb eins erreichten wir schließlich unser Reiseziel. Einen Augenblick später spazierten wir schon über die breite
Terrasse des Palastgartens. Mein einziger Besuch vor zehn Jahren hatte in meiner Erinnerung kein richtiges Bild von der
Schönheit & dem Ausmaß dieses alten Parks hinterlassen. Auch
die Pracht des alten dunkelroten Palastes selbst hatte ich vergessen. Zunächst war mir einfach danach, langsam die Terrasse auf & ab zu gehen & meine Augen erst auf dem weichen
Rasen ruhen zu lassen, von dem prächtige Blumen leuchteten,
und dann auf der vollkommen gelungenen Form des Palastes.
Aber es war kalt & wir waren hungrig & zu unserem gelinden
Erstaunen hatte halb London anscheinend die gleiche Idee
gehabt, Hampton Court am selben Tag & zur selben Stunde
wie wir zu besuchen. Die Terrassen und Rasenflächen, die
meinem Gefühl nach eigentlich nur von Damen in Brokat
& Gentlemen mit Kniehosen & Degen hätten bevölkert sein
sollen, wimmelten von einer ganz anderen Sorte Menschen –
die vielleicht moralischer sind als ihre Vorfahren aus der Zeit
Charles II., aber als strafender Ausgleich weit weniger dekorativ. Ich konnte nicht umhin, den moralischen Fortschritt

zu bedauern. Ich wünschte mir immer & immer wieder – wie unsere ganze Gesellschaft, möchte ich meinen, ich hätte diese Gärten für mich allein haben können. Sie sind für Ruhe & genußvolle Kontemplation gedacht. […]

Nachdem wir hier unsere Pflicht erfüllt hatten, verbrachten wir etwa eine Stunde damit, noch einmal durch die Gärten zu spazieren, und fanden uns schließlich unten am Seeufer wieder, wo wir uns niederlegten & den beiden obligatorischen Anglern zusahen. Wie eine Sonnenuhr sind sie in einem Bild dieser Art ein absolutes Muß; der Fisch wird nie gefangen, der Angler verträumt die ganze Dauer der goldenen Stunden – wie das Verzeichnen von Sonnenstrahlen ist es eine Beschäftigung, die zu einem weniger maschinengetriebenen & sonnigeren Zeitalter als dem unsrigen gehört.

Aber wir hatten unsere Zeit bereits überschritten. Es schien absurd, an Verpflichtungen aus so großer Entfernung gebunden zu sein – fast aus einer anderen Zeit, aber wir hatten lange zuvor in London versprochen, zum Tee zurück zu sein. Das war unmöglich. Wenn wir in aller Ruhe zurückgingen, konnten wir rechtzeitig zum Dinner ankommen. Das Interesse an Hampton Court war bei den meisten unserer Mitreisenden erschöpft. Sie hatten einen Ausflug hinter sich, den sie vehement genossen hatten, & waren jetzt bestrebt, wieder nach Hause zu kommen. Wir hatten den dunkler werdenden Garten fast für uns allein, als wir ihn jetzt durchquerten, aber in der Dunkelheit konnten wir ein oder zwei würdevolle Figuren sehen, die sich auf der Terrasse hin & her bewegten, als wir vorübergingen. Es war unmöglich, sie zu verkennen. Das waren keine Cockney-Ausflügler, die den ganzen Ort mit ihrem Lärm & den Cockney-Grimassen verschandelten; nein, diese Damen sind ein Teil des Schlosses. Sie gehören zu ihm. Es ist bewundernswert angemessen, meine ich, daß sich unsere hochbetagte Aristokratie, die in der hektischen Stadt keine Heimstatt findet, hierher zurückzieht, um ihre letzten Tage in diesem alten Schloß voller Tradition & uraltem Glanz zu verbringen – einem Glanz, der, wie ich meine, in reifem Alter sogar noch schöner ist als in seiner Blüte. Diese alten Damen mit ihren großen Namen & gekrümmten Rücken blieben mir im Gedächtnis als der wahre Geist dieses Ortes, den wir dabei überraschten, wie er im Dunklen durch die alten Gänge wandelte. Hier lassen sie die Zeit ihres Alters entschwinden wie in einem königlichen Altenheim. Man kann sich unmöglich sanfter oder würdevoller zur Ruhe setzen als in diesem Schloß an der Themse.

Tagebuch, 5. Juli 1903 (Aus: *Reisen mit Virginia Woolf*)

Wir fuhren nach Hampton Court, zum ersten Mal seit wir dort Schlittschuh liefen, glaube ich. Wir durchquerten Bushey Park & eine Horde Pferde benutzte die Gelegenheit, um von einer Seite auf die andere zu rennen. Die goldene Statue war von Eis umgeben, & auf dem Eis standen zwei Zentimeter Wasser; ich stieß durch mit meinem Regenschirm. Die Beete in Hampton Court sind einförmig braun, bis auf eine gelbe & eine rosa Blume, Primeln, glaube ich. […] Wir gingen längs einem Wall unter Bäumen zum Fluß; & setzten uns auf einen der Halbkreise von leeren Holzsitzen. Es war kalt, aber windstill.

Tagebuch, 5. Januar 1918

Man entschied sich für Hampton Court, dem man den Vorzug gab vor Hampstead, denn obwohl Cassandra als Kind von den Banditen in Hampstead geträumt hatte, so galt doch inzwischen ihre ganze Zuneigung immer und ewig William III.

Und so trafen sie an einem schönen Sonntagmorgen zur Lunchzeit in Hampton Court ein. So einmütig verliehen sie ihrer Bewunderung für den roten Backsteinbau Ausdruck, als seien sie nur hergekommen, um einander zu versichern, daß dieser Palast der stattlichste sei auf der ganzen Welt. Zu viert gingen sie nebeneinander die Terrace auf und ab und stellten sich vor, all dies gehöre ihnen, und rechneten sich aus, wieviel besser es bei solchen Besitzern zweifellos um die Welt bestellt wäre. [...]

Die frische Frühlingsluft, der wolkenlose Himmel, dessen Blau schon die erste Wärme verströmte, wirkten wie die Antwort der Natur, mit der sie die Stimmung ihrer Auserwählten würdigte. Diese Auserwählten waren auch unter den Rehen zu finden, die sich stumm sonnten, und unter den Fischen, die reglos mitten im Strom verharrten, denn sie alle teilten wortlos diesen gütigen, huldvollen Zustand, der keiner sprachlichen Auslegung bedurfte. Kein Wort, das Cassandra einfiel, vermochte diese Stille auszudrücken, diese heitere Klarheit, die Atmosphäre der Erwartung, die über der gepflegten Schönheit der grasgesäumten Promenaden und Kieswege lag, die sie zu viert, Seite an Seite an diesem Sonntagnachmittag entlangspazierten. Lautlos warfen die Bäume im hellen Sonnenschein ihre Schatten; Stille umfing ihr Herz. Der zitternd auf der halbgeöffneten Blüte verharrende Schmetterling, das still äsende Wild in der Sonne; diese Bilder hielt sie fest und erkannte sie als Abbilder ihres eigenen Wesens, das sich dem Glück öffnete und in seiner Ekstase zitterte.

(Aus: *Nacht und Tag*)

Wenn sie also von Zeit zu Zeit gut haushaltete mit ihren Kräften und einen Ausflug nach Hampton Court zuwege brachte, in der Woche, da die Krokusse (diesen glänzenden leuchtenden Gewächse waren ihre Lieblingsblumen) am eindrucksvollsten waren, dann war das ein Sieg. Es war etwas Bleibendes; etwas, das für immer von Bedeutung war. Sie fädelte den Nachmittag auf die Kette unvergeßlicher Tage, die nicht so lang war, als daß sie sich nicht diesen oder jenen in Erinnerung hätte rufen können; diese Aussicht, jene Stadt; ihn anzufassen, ihn zu fühlen, auszukosten, seufzend, das, was ihn einzigartig machte.

»Es war so schön letzten Freitag«, sagte sie, »daß ich hinzugehen beschloß.« So hatte sie sich zu ihrem großen Unternehmen – Hampton Court zu besichtigen – allein zum Waterloo-Bahnhof aufgemacht.

(Aus: »Augenblicke des Seins: ›Slater-Nadeln haben keine Spitzen‹«, in: Das Mal an der Wand.)

Hampstead Heath

Am Ostermontag fuhren wir hinein, um die Murrys zu besuchen & uns Hampstead Heath anzusehen. Wir kamen zu dem Schluß, daß die Menschenmenge aus der Nähe verabscheuenswert ist; sie stinkt; sie klebt; sie hat weder Lebendigkeit noch Farbe; es ist eine laute Masse Fleisch, die kaum die Form menschlichen Lebens hat. Wie langsam sie gehen! Wie passiv & animalisch sie auf dem Grase liegen! Wie wenig Vergnügen oder Schmerz in ihnen wohnt! Aber sie sahen gut gekleidet & gut ernährt aus; & aus einigem Abstand gesehen zwischen den kanariengelben Schaukeln & Karussells wirkten sie wie ein Gemälde. Es war ein Sommertag – zumindest in der Sonne; wir konnten auf einem Hügel sitzen & den kleinen fernen

Rinnsalen von menschlichen Wesen zusehen, wie sie um die Vergnügungszentren kreiselten & im Gänsemarsch über die Heide zogen & sich wie Tupfen über die Buckel verstreuten. Sehr wenig Lärm machen sie; das große Flugzeug, das ständig über uns herumflog, machte mehr Lärm als wir alle zusammen. Warum sage ich »wir«? Ich habe mich keinen Augenblick lang als eine von »ihnen« gefühlt. Und doch hatte der Anblick seinen Zauber: mir gefielen die Schweinsblasen & die kleinen Lutschstangen & der Anblick von zwei langsamen bedächtigen Tänzern, die zu Leierkastenmusik auf einer Fläche von der Größe eines Kaminvorlegers tanzten.

Tagebuch, 24. April 1919

IV.

»Der Garten ein einziges üppiges Blühen«

IMAGINÄRE LANDSCHAFTEN – BLUMEN, BÄUME, GÄRTEN UND PARKS IN ROMANEN, ERZÄHLUNGEN UND ESSAYS

❧

Die Fahrt hinaus (1915)

Es war noch eine Stunde Zeit bis zum Mittagessen, und so schlenderte sie mit Gibbon in der einen und Balzac in der anderen Hand durchs Gartentor hinaus und den kleinen Weg aus festgetretenem Lehm zwischen den Olivenbäumen am Hang hinab. Es war zu heiß, um bergauf zu gehen, das Tal hingegen war von Bäumen gesäumt, und ein Wiesenpfad lief am Flußbett entlang. In diesem Land, wo die Bevölkerung auf die Städte konzentriert war, war es möglich, daß man innerhalb kürzester Zeit nichts mehr von der Zivilisation sah und höchstens gelegentlich an einem Bauernhaus vorbeikam, wo die Frauen im Hof rote Rüben putzten; oder an einem kleinen Jungen, der umgeben von einer Herde schwarzer, streng riechender Ziegen auf die Ellbogen gestützt am Hang lag. Von einem Rinnsal Wasser ganz unten am Grund abgesehen, war der Fluß nur noch eine tiefeingeschnittene Rinne aus trockenen gelben Steinen. Am Ufer wuchsen jene Bäume, von denen Helen gesagt hatte, ihr Anblick allein sei schon die Seereise wert. Der April hatte ihre Knospen gesprengt, und sie trugen zwischen ihren glänzenden grünen Blättern große Blüten aus

einer dicken, wachsartigen Substanz, die wunderbar creme-
farben oder rosafarben oder dunkelscharlachrot gefärbt waren. Doch erfüllt von einer jener von Vernunftgründen unab-
hängigen Hochstimmungen, die gemeinhin keinen erkenn-
baren Anlaß haben und ganze Länder und Himmelsstriche
in ihre Arme reißen, ging sie, ohne etwas zu sehen. Die Nacht
griff auf den Tag über. Die Ohren summten ihr von den Me-
lodien, die sie in der Nacht zuvor gespielt hatte; sie sang, und
das Singen beschleunigte ihren Schritt. Sie sah nicht recht, wo
sie entlangging, denn die Bäume und die Landschaft erschienen ihr nur als Ballungen von Grün und Blau, zu denen hin
und wieder ein Stück andersfarbiger Himmel kam. […]

So hätte sie gehen können, bis sie sich überhaupt nicht mehr
auskannte, hätte ein Baum ihr nicht Einhalt geboten, der sie,
obwohl er nicht über ihren Weg wuchs, mit solcher Wirksamkeit
aufhielt, als wären die Zweige ihr ins Gesicht geschlagen. Es
war ein gewöhnlicher Baum, doch ihr kam er so eigenartig
vor, daß er der einzige Baum auf der Welt hätte sein können.
Dunkel war der Stamm in der Mitte, und die Zweige sprangen in Abständen daraus hervor und ließen gezackte Zwischenräume aus Licht erscheinen, die sich so deutlich abzeichneten,
als hätte er sich gerade erst in dieser Sekunde vom Boden erhoben. Nachdem er einen Anblick geboten hatte, den sie ihr
Lebtag nicht vergessen würde und der jene Sekunde lebens-
länglich bewahren würde, trat der Baum wieder in die Reihe
der gewöhnlichen Bäume zurück, und sie war imstande, sich
in seinem Schatten niederzulassen und die roten Blumen mit
den schmalen grünen Blättern zu pflücken, die darunter wuchsen. Sie legte sie nebeneinander, Blüte an Blüte und Stengel an
Stengel, und liebkoste sie, weil sie auf sich gestellt waren. Blumen und sogar die Kiesel in der Erde hatten ihr Eigenleben

und ihre eigene Bestimmung und weckten in ihr die Empfindungen eines Kindes, dessen Gefährten sie waren. Als sie aufblickte, wurde ihr Blick von der Silhouette der Berge gefangen
genommen, die kraftvoll über den Himmel zuckte wie eine
vorschnellende Peitschenschnur. Sie blickte auf den bleichen
fernen Himmel und die hochgelegenen kahlen Stellen auf
den Berggipfeln, die der Sonne ausgesetzt waren. Als sie sich
hingesetzt hatte, hatte sie die Bücher zu ihren Füßen auf den
Boden fallen lassen, und nun blickte sie auf sie hinab, wie sie
da so eckig im Gras lagen, wobei ein langer Grashalm, der sich
hinabneigte, Gibbons glatten braunen Deckel kitzelte, während der gesprenkelte blaue Balzac nackt in der Sonne lag.

✳✳✳

Sie schaute ihn vor dem Hintergrund der blühenden Magno-
lie an. Der Anblick hatte irgendetwas Seltsames. Vielleicht lag
es daran, daß die schweren wachsartigen Blüten so glatt und
unaufdringlich wirkten, sein Gesicht hingegen – er hatte seinen Hut weggeworfen, sein Haar war zerwühlt, und er hielt
die Brille in der Hand, so daß sich zu beiden Seiten der Nase
eine rote Stelle abzeichnete – so besorgt und mitteilsam. Es
war ein schöner Strauch, sehr ausladend, und während der
ganzen Zeit, die sie gesessen und miteinander geredet hatten,
hatte sie die Schattenflecken und die Form der Blätter wahr-
genommen und wie die prächtigen weißen Blüten mitten im
Grün saßen. Sie hatte das alles zwar nur halbbewußt wahrge-
nommen, aber dies Muster war dennoch zu einem Teil ihres
Gesprächs geworden. Sie legte ihre Stickarbeit weg und begann, im Garten auf und ab zu gehen, und Hirst stand ebenfalls auf und schritt neben ihr her. Er war ziemlich unruhig,
von Unbehagen erfüllt und sehr nachdenklich. Keiner von
ihnen sprach.

Die Sonne begann unterzugehen, und mit den Bergen war eine Verwandlung vorgegangen, als seien sie ihrer irdischen Substanz beraubt und bestünden nur mehr aus dichtem blauen Dunst. Langgezogene schmale flamingorosa gefärbte Wolken, deren Ränder sich kräuselten wie Straußenfedern, zogen sich in unterschiedlicher Höhe über den Himmel. Die Dächer der Stadt schienen tiefer gesunken zu sein als gewöhnlich; die Zypressen wirkten zwischen den Dächern sehr schwarz, und die Dächer selbst waren braun und weiß. Wie am Abend üblich, waren vereinzelte Rufe und vereinzelte Glocken von unten zu hören.

***

Der Nachmittag war sehr heiß, so heiß, daß die Wellen, die sich am Ufer brachen, sich anhörten wie das wiederholte Aufseufzen eines erschöpften Lebewesens, und selbst auf der Terrasse unter dem Sonnensegel waren die Ziegel heiß, und über dem kurzen dürren Gras waberte unaufhörlich die Luft. Die roten Blumen in den Steinkübeln ließen von der Hitze die Köpfe hängen, und die weißen Blüten, die noch vor wenigen Wochen so glatt und kräftig gewesen waren, waren jetzt trocken, und ihre Ränder waren gelb geworden und rollten sich. Nur die steifen, feindseligen Pflanzen des Südens, deren fleischige Blätter auf Stacheln zu wachsen schienen, standen immer noch aufrecht und trotzten der Sonne, die alles zu Boden warf. Es war zu heiß zum Reden, und es war nicht leicht, irgendein Buch zu finden, das der Kraft der Sonne gewachsen gewesen wäre.

Immerhin lag das Haus von einem Garten umgeben, auf den der Pfarrer beträchtlich stolz war. Der Rasen vor den Salonfenstern verströmte ein sattes, einheitliches, von keinem einzigen Gänseblümchen aufgelockertes Grün, und auf der anderen Seite führten zwei gerade Pfade an Rabatten mit hohen, aufrecht stehenden Blumen vorbei zu einem entzückenden Grasweg, auf dem Reverend Wyndham Datchet jeden Morgen zur gleichen Stunde auf und ab zu schreiten pflegte, wobei ihm eine Sonnenuhr die Zeit maß. Sehr oft trug er ein Buch in der Hand, in das er einen flüchtigen Blick warf, es dann zuklappte und sich den Rest der Ode aus dem Gedächtnis wiederholte. Er kannte das meiste von Horaz auswendig und hatte es sich zur Gewohnheit gemacht, diesen besonderen Spazierweg mit bestimmten Oden zu verknüpfen, die er pflichtgetreu repetierte, während er gleichzeitig seine Blumen begutachtete und sich hin und wieder bückte, um diejenigen abzupflücken, die verwelkt oder abgeblüht waren.

***

Nie sind Stimmen so schön wie an einem Winterabend, wenn die Dämmerung den Körper beinahe verbirgt und sie mit einem bei Tag selten gehörten vertrauten Ton aus dem Nichts zu dringen scheinen. Etwas von dieser Eindringlichkeit lag in Marys Stimme, als sie ihn begrüßte. Der Nebel der Winterhecken schien um sie zu hängen, und das klare Rot der Brombeerblätter. Er spürte gleich, wie er den festen Boden einer gänzlich anderen Welt betrat, doch er erlaubte sich nicht, sich sogleich diesem Vergnügen hinzugeben. Sie ließen ihm die Wahl, entweder mit Edward nach Hause zu fahren oder mit Mary über die Felder zu gehen – keine Abkürzung, erklärten sie, aber, wie Mary fand, ein schönerer Weg. Er beschloß, mit ihr zu gehen, in dem klaren Bewußtsein, daß ihre Gegenwart ihm wohltat. Was mochte der Grund ihrer Fröhlichkeit sein, überlegte er halb ironisch und halb neidisch, als der kleine Pferdewagen energisch anruckte und das Zwielicht zwischen ihren Augen und Edwards großer Gestalt schwamm, die sich auf dem Wagen hochreckte, in einer Hand die Zügel, in der anderen die Peitsche. Leute aus dem Dorf, die im Marktflek-ken gewesen waren, kletterten in ihre Einspänner oder mach-ten sich in kleinen Grüppchen entlang der Straße auf den Heimweg. Mary wurde von vielen gegrüßt, und sie grüßte mit Namen zurück. Doch bald überstieg sie einen Zauntritt und ging auf einem Pfad voran, der etwas dunkler ausgetreten war als das umliegende blasse Grün. Vor ihnen zeigte sich der Himmel jetzt rötlichgelb, wie eine Scheibe aus transparentem Edelstein, hinter der eine Lampe brannte, wobei sich eine schwarze Baumreihe mit deutlich konturierten Ästen vor die-sem Licht abhob, das in einer Richtung von einem Erdbuckel abgeschwächt wurde, während sich das Land in allen anderen Richtungen flach bis zum Horizont erstreckte. Einer der ge-schwinden, geräuschlosen Vögel des Winterabends schien ih-nen über das Feld zu folgen, wenige Fuß vor ihnen kreisend verschwand er immer wieder, um aufs neue zurückzukehren.

Mary war diesen Weg im Laufe ihres Lebens viele hundert Mal gegangen, meist allein, und an verschiedenen Stellen über-flutete sie die Erinnerung an vergangene Stimmungen mit ei-ner Kette von Gedanken oder ganzen Szenenfolgen – beim bloßen Anblick dreier Bäume, aus einem besonderen Blick-winkel betrachtet, oder beim Geräusch der glucksenden Fa-sane im Graben. Doch heute abend waren die Umstände be-deutsam genug, um alle anderen Bilder zu verdrängen; und

sie betrachtete das Feld und die Bäume mit einer unwillkür-
lichen Intensität, so als hätten sie nie derlei Assoziationen ge-
weckt.

* * *

Die ersten Vorboten des Frühlings, die sich oft schon Mitte
Februar einstellen, bringen nicht nur kleine weiße und violette Blumen in den geschützten Ecken der Wälder und Gärten
hervor, sie gebären auch in den Köpfen von Männern wie
Frauen Gedanken und Wünsche, die jenen zartfarbigen und
süß duftenden Blüten vergleichbar sind. Die harte, stumpfe
Oberfläche, zu der das Leben der Menschen im Laufe der Jahre erstarrt ist, wird in dieser Jahreszeit weich und flüssig und
spiegelt die Formen und Farben der Gegenwart wie auch die
Formen und Farben der Vergangenheit wider. Im Falle von
Mrs Hilbery stifteten diese frühen Frühlingstage vornehm-
lich Verwirrung, insofern als sie eine allgemeine Belebung ihrer Gefühlskräfte verursachten, die, was die Vergangenheit
betraf, nie große Einbußen erfahren hatten. Doch im Frühling erhöhte sich stets ihr Verlangen nach Ausdruck. Ständig
spukten ihr Sätze durch den Kopf. Mit sinnlichem Vergnügen
schwelgte sie in Wortverbindungen.

Jacobs Zimmer (1922)

Jedesmal, wenn er sonntags zu Gast ist – auf Dinner- und Tee-
gesellschaften – wird sich der gleiche Schock einstellen – Ab-
scheu – Unbehagen – dann Vergnügen, denn er saugt mit jedem Schritt, den er am Fluß entlang tut, solch feste Gewißheit
ein, solche Bestätigung von allen Seiten, den sich verneigen-
den Bäumen, den grauen Kirchtürmen weich im Blau, den

verwehten Stimmen, die in der Luft zu schweben scheinen, der federnden Mailuft, der elastischen Luft mit ihren Partikeln – Kastanienblüte, Pollen, was immer es ist, das der Mailuft ihre Kraft gibt, mit der sie die Bäume verschleiert, die Knospen einharzt, das Grün verkleckst. Und auch der Fluß fließt vorbei, nicht mit Hochwasser, auch nicht schnell, aber das Ruder hemmend, das hineintaucht und weiße Tropfen vom Blatt vertropft, grün und tief über die gebogenen Binsen gleitend, als streichle er sie verschwenderisch.

Wo sie ihr Boot festmachten, ergossen sich die Bäume herab, so daß ihre höchsten Blätter im Wellengekräusel flatterten und der grüne Keil, der im Wasser lag, aus Blättern gebildet, sich um Blätterbreiten verschob, je, wie die wirklichen Blätter sich verschoben. Jetzt gab es einen Windstoß – sofort eine Ecke Himmel; und wie Durrant Kirschen aß, ließ er die verkümmerten gelben Kirschen durch den grünen Blätterkeil fallen, wo ihre Stiele beim Hinein- und Hinaustrudeln glitzerten, und manchmal versank eine angebissene Kirsche rot im Grün. Die Wiese befand sich in gleicher Höhe mit Jacobs Augen, wenn er sich zurücklegte; vergoldet von Butterblumen, aber das Gras floß nicht wie das dünne grüne Wasser des Friedhofsgrases, das die Grabsteine zu überfluten drohte, sondern stand saftig und dick. Wenn er aufblickte, hinter sich, sah er die Beine von Kindern tief im Gras, und die Beine von Kühen. Mampf, mampf, hörte er; dann einen kurzen Schritt durchs Gras; dann wieder mampf, mampf, mampf, wie sie das Gras bis zu den Wurzeln abrupften. Vor ihm kreisten zwei weiße Schmetterlinge höher und höher um die Ulme.

* * *

Die Krähen ließen sich nieder; die Krähen stiegen auf. Die Bäume, die sie so launisch aufsuchten, schienen nicht in der

Lage, ihre Scharen aufzunehmen. Die Baumwipfel sangen von der Brise in ihnen; die Äste knarrten hörbar und warfen dann und wann, obwohl die Jahreszeit Mittsommer war, Samenhülsen oder kleinere Zweige ab. Auf flogen die Krähen und wieder herab, erhoben sich jedesmal in geringeren Scharen, da die gewitzteren Vögel sich zur Nacht niederließen, denn der Abend war schon weit genug vorgeschritten, um die Luft drinnen im Wald fast zu verdunkeln. Das Moos war weich; die Baumstämme geisterhaft. Hinter ihnen lag eine silbrige Wiese. Das Pampasgras erhob seine gefiederten Speere aus grünen Polstern am Ende der Wiese. Ein Wasserstreifen schimmerte. Schon surrte der Windenschwärmer über die Blumen. Orange und Purpur, Kapuzinerkresse und Weidenröschen wurden fortgespült ins Zwielicht, aber die Tabakpflanze und die Passionsblume, über der der große Schwärmer surrte, waren weiß wie Porzellan. Die Krähen auf den Baumwipfeln ruckelten ihre Flügel zusammen und ließen sich zum Schlaf nieder, als, weit fort, ein vertrautes Geräusch bebte und zitterte – zunahm – geradezu in ihre Ohren dröhnte – schläfrige Flügel wieder in die Luft aufschreckte – die Dinner-Glocke des Hauses.

***

Sogar in dieser dunklen Nacht regt der Wind, wenn er die Dunkelheit durch Lombard Street und Fetter Lane und Bedford Square rollt, (da Sommerzeit ist und der Höhepunkt der Saison) die mit elektrischem Licht übersäten Platanen, und Vorhänge, die das Zimmer noch vor dem Morgengrauen bewahren. Menschen murmeln noch einmal das letzte im Treppenhaus gesprochene Wort vor sich hin, oder lauschen angestrengt, durch ihre Träume hindurch, auf die Stimme des Weckers. So regen sich, wenn der Wind durch einen Wald streicht, unzählige Zweige; Bienenstöcke werden gestreift; Insekten schwanken auf Grashalmen; die Spinne eilt rasch eine Kerbe in der Rinde empor; und die ganze Luft ist flirrend von Atemzügen; elastisch von Fädchen.

Nur daß hier – auf der Lombard Street und der Fetter Lane und dem Bedford Square – jedes Insekt eine Weltkugel in seinem Kopf trägt, und die Netze des Waldes Systeme zur glatten Abwicklung der Geschäfte sind; und Honig Reichtum der einen oder anderen Sorte ist; und die Regung in der Luft die unbeschreibliche Bewegtheit des Lebens ist.

Aber die Farbe kehrt zurück; fließt die Stengel des Grases hoch; bricht in Tulpen und Krokusse aus; überzieht die Baumstämme mit Streifen; und erfüllt das zarte Gewebe der Luft und die Gräser und Tümpel.

***

Zu dieser Zeit brachte eine Handelsfirma, die in Geschäftsbeziehungen zum Fernen Osten stand, kleine Papierblumen auf den Markt, die sich öffneten, wenn sie mit Wasser in Berührung gerieten. Da es ebenfalls Sitte war, am Ende eines Dinners Fingerschalen zu benutzen, kam die neue Entdeckung hervorragend zupaß. In diesen geschützten Teichen schwammen und glitten die kleinen bunten Blumen; überwanden glatte, rutschige Wellen, und sanken manchmal und lagen wie Kiesel auf dem Glasboden. Ihre Schicksale wurden von aufmerksamen und wunderschönen Augen verfolgt. Eine Entdeckung, die zum Bund von Herzen und zur Gründung von Hausständen führt, ist gewiß groß. Die Papierblumen leisteten nichts Geringeres.

Es darf jedoch nicht gedacht werden, daß sie die Blumen der Natur verdrängten. Rosen, Lilien, besonders Nelken schauten über die Ränder von Vasen und besichtigten das farbenprächtige Leben und rasche Verderben ihrer künstlichen Verwandten. Mr Stuart Ormond äußerte eben diese Beobachtung; die für bezaubernd gehalten wurde; und die Kitty Craster veranlaßte, ihn sechs Monate später zu ehelichen. Aber echte Blumen können durch nichts ersetzt werden. Könnten sie es, wäre das menschliche Leben alles in allem völlig anders. Denn Blumen verwelken; Chrysanthemen sind am schlimmsten; vollkommen den Abend über; gelb und heruntergekommen am nächsten Morgen – ein scheußlicher Anblick. Im großen und ganzen, wenn auch sündhaft teuer, zahlen sich Nelken am besten aus; – es bleibt jedoch die Frage, ob es klug ist, sie mit Draht zu verstärken. Manche Läden raten es an. Es ist sicherlich die einzige Art, sie über einen Ball zu bringen, aber ob die Verdrahtung für Dinnergesellschaften notwendig ist, außer in völlig überheizten Räumen, bleibt umstritten. Die alte Mrs Temple pflegte ein Efeublatt zu empfehlen – nur eines – in die Vase hineingetan. Sie sagte, es halte das Wasser tagelang frisch. Aber es besteht Grund zu der Annahme, daß die alte Mrs Temple sich irrte.

Im Obstgarten (1923)

Miranda schlief im Obstgarten, im Liegestuhl unter dem Apfelbaum. Ihr Buch war ins Gras gefallen, und ihr Finger schien immer noch auf den Satz zu deuten: »Ce pays est vraiment un des coins du monde où le rire des filles éclate le mieux –«, als sei sie genau da eingeschlafen. Die Opale an ihrem Finger glühten grün, glühten rosig, und glühten wieder orange, als die Sonne, die durch die Apfelbäume sickerte, sie füllte. Dann, als die Brise kam, kräuselte ihr purpurfarbenes Kleid sich wie eine Blume an einem Stengel; die Gräser nickten; und der weiße Schmetterling wehte dicht über ihrem Gesicht hierhin und dorthin.

Vier Fuß höher, in der Luft über ihrem Kopf, hingen die Äpfel. Plötzlich gab es ein schrilles Getöse, als seien es Gongs aus gesprungenem Messing, die geschlagen wurden, wild, wirr und brutal. Es waren nur die Schulkinder, die einstimmig das Einmaleins aufsagten, von der Lehrerin unterbrochen wurden, ausgeschimpft, und wieder von vorn anfingen, das Einmaleins aufzusagen. Aber dieses Getöse zog vier Fuß über Mirandas Kopf vorbei, ging durch die Zweige des Apfelbaums hindurch, prallte gegen den kleinen Jungen des Kuhhirten, der in der Hecke Brombeeren pflückte, statt in der Schule zu sitzen, und machte, daß er sich den Daumen an den Dornen ritzte.

Als nächstes kam ein einzelner Schrei – traurig, menschlich, brutal. Der alte Parsley war, wahrhaftig, sinnlos betrunken.

Dann ertönten die alleobersten Blätter des Apfelbaums, platt wie kleine Fische vor dem Blau, dreißig Fuß über der Erde, mit einem nachdenklichen und kummervollen Klang. Es war die Orgel in der Kirche, die ein Lied aus »Alte und Neue Choräle« spielte. Der Klang schwebte herbei und wurde von einem Schwarm Wacholderdrosseln, die mit enormer Geschwindigkeit flogen – wohin auch immer – in Atome zerschnitten. Miranda lag schlafend dreißig Fuß darunter.

Dann dröhnten über dem Apfelbaum und dem Birnbaum zweihundert Fuß über Miranda, die schlafend im Obstgarten lag, die Glocken, abgehackt, düster, didaktisch, denn gerade wurde für sechs arme Frauen aus der Gemeinde ein Dankgottesdienst abgehalten und der Pfarrer schickte seine Lobpreisung zum Himmel.

Und darüber drehte sich mit einem durchdringenden Quietschen die goldene Feder des Kirchturms von Süden nach Osten. Der Wind schlug um. Über allem anderen summte er, über den Wäldern, den Weiden, den Hügeln, Meilen über Miranda, die im Obstgarten lag und schlief. Er fegte weiter, ohne Augen, ohne Verstand, begegnete nichts, was ihm widerstehen konnte, bis er umschwenkte und sich wieder nach Süden wandte. Meilen darunter, auf einem Flecken so groß wie ein Nadelöhr, sprang Miranda auf und rief: »Oh, ich komme zu spät zum Tee!«

Miranda schlief im Obstgarten – oder vielleicht schlief sie nicht, denn ihre Lippen bewegten sich ganz leise, als sagten sie: »Ce pays est vraiment un des coins du monde … où le rire des filles … éclate … éclate … éclate …«, und dann lächelte sie und ließ ihren Körper mit all seinem Gewicht auf die gewaltige Erde sinken, die sich hebt, dachte sie, um mich auf ihrem Rücken zu tragen als wäre ich ein Blatt, oder eine Königin (an dieser Stelle sagten die Kinder das Einmaleins auf), oder, fuhr Miranda fort, vielleicht liege ich hoch oben auf einer Klippe und die Möwen schreien über mir. Je höher sie fliegen, dachte sie weiter, als die Lehrerin die Kinder ausschimpfte und Jimmy auf die Knöchel schlug, bis sie bluteten, desto tiefer sehen sie ins Meer hinein – ins Meer hinein, wiederholte sie, und ihre Finger entspannten sich und ihre Lippen schlossen sich sanft als treibe sie auf dem Meer, und dann, als der Schrei des betrunkenen Mannes über ihr klang, atmete sie mit einer Ekstase sondergleichen ein, denn sie dachte, sie höre das Leben selbst mit rauher Zunge aus scharlachrotem Munde rufen, aus dem Wind, aus den Glocken, aus den gebogenen grünen Blättern der Kohlköpfe.

Natürlich heiratete sie, als die Orgel das Lied aus »Alte und Neue Choräle« spielte, und als die Glocken nach dem Dankgottesdienst für die sechs armen Frauen läuteten, ließ das düstere, abgehackte Dröhnen sie denken, die Erde erbebe unter den Hufen des Pferdes, das auf sie zugaloppierte (»Ah, ich brauche nur zuwarten!« seufzte sie), und es schien ihr, als habe alles bereits angefangen, sich wie in einem Muster zu bewegen, zu rufen, zu reiten, zu fliegen, um sie herum, über sie hinweg, auf sie zu.

Mary hackt das Holz, dachte sie; Pearman hütet die Kühe; die Wagen kommen von den Weiden zurück; der Reiter – und sie zeichnete die Linien nach, die die Männer, die Wagen, die Vögel und der Reiter durch die Landschaft zogen, bis sie alle vertrieben schienen, weg, rundum und fort, vom Schlag ihres eigenen Herzens.

Meilen höher in der Luft schlug der Wind um; die goldene Feder des Kirchturms quietschte; und Miranda sprang auf und rief: »Oh, ich komme zu spät zum Tee!«

Miranda schlief im Obstgarten, oder schlief sie oder schlief sie nicht? Ihr purpurfarbenes Kleid war ausgebreitet zwischen zwei Apfelbäumen. Es gab vierundzwanzig Apfelbäume im Obstgarten, einige von ihnen leicht geneigt, während andere ganz gerade und eilig den Stamm hinaufstrebten, der sich zu Ästen ausbreitete und sich zu runden roten oder gelben Tropfen formte. Jeder Apfelbaum hatte genügend Platz. Der Himmel paßte den Blättern wie angegossen. Wenn die Brise wehte, neigte die Linie der Äste vor der Mauer sich leicht und kam dann wieder zurück. Eine Bachstelze flog quer von einer Ecke in die andere. Vorsichtig hüpfend näherte sich eine Drossel einem heruntergefallenen Apfel; von der anderen Mauer her flatterte ein Spatz niedrig über das Gras. Das Hinaufstreben der Bäume wurde durch diese Bewegungen nach unten gebunden; das ganze wurde von den Mauern des Obstgartens zusammengepreßt. Meilen tief war unten die Erde zusammengedrückt; kräuselte sich an der Oberfläche mit wabernder Luft; und in der Ecke des Obstgartens wurde das Blaugrün von einem purpurnen Strich aufgeschlitzt. Als der Wind umschlug, wurde ein Bund Äpfel so hoch geworfen, daß es zwei Kühe auf der Weide auslöschte (»Oh, ich komme zu spät zum Tee!« rief Miranda), und die Äpfel hingen wieder gerade vor der Mauer.

Mrs Dalloway (1925)

Mrs Dalloway sagte, sie wolle die Blumen selber kaufen. Denn Lucy hatte genug zu bestellen. Die Türen würden aus den Angeln gehängt werden; Rumpelmayers Leute kämen. Und dann, dachte Clarissa Dalloway, was für ein Morgen – frisch, wie geschaffen für Kinder am Strand.

Was für ein Vergnügen! Was für ein Sprung! Denn so war es ihr immer vorgekommen, wenn sie, mit einem leichten Quietschen der Angeln, das sie jetzt hören konnte, die Fenstertür zum Garten aufgerissen hatte und in Bourton ins Freie gesprungen war. Wie frisch, wie ruhig, stiller natürlich als jetzt, die Luft am frühen Morgen war; wie der Klaps einer Welle; der Kuß einer Welle; eiskalt und schneidend und doch (für ein Mädchen von achtzehn, das sie damals war) feierlich, mit dem Gefühl, das sie an der offenen Tür stehend hatte, etwas Bestürzendes werde sich gleich ereignen; auf die Blumen blickend, auf die Bäume mit dem entweichenden Dunst und die steigenden und sinkenden Krähen, stehend und blikkend, bis Peter Walsh sagte »zum Grübeln ins Gemüse« – war es das? – »Menschen sind mir lieber als Blumenkohl« – war es das? Er mußte es eines Morgens beim Frühstück gesagt haben, als sie auf die Terrasse getreten war – Peter Walsh. Er würde dieser Tage aus Indien zurückkehren, im Juni oder Juli, sie hatte vergessen, wann, denn seine Briefe waren schrecklich fade; seine Bemerkungen waren es, an die man sich erinnerte; seine Augen, sein Taschenmesser, sein Lächeln, seine Verdrossenheit und, wenn abertausend Dinge längst entschwunden waren – wie seltsam war das! –, ein paar Bemerkungen wie die über Kohlköpfe.

***

Unsinn! Unsinn! rief sie sich zu, durch die Schwingtür von Mulberrys Blumenladen drängend.

Sie trat ein, leicht, groß, sehr aufrecht, um sogleich von der knopfgesichtigen Miss Pym begrüßt zu werden, deren Hände immer tiefrot waren, als hätten sie mit den Blumen in kaltem Wasser gestanden.

Da waren Blumen: Rittersporn, spanische Wicken, Fliedersträuße; und Nelken, Berge von Nelken. Da waren Rosen; da waren Schwertlilien. O ja – so atmete sie den gartenerdig süßen Duft ein, während sie da stand und mit Miss Pym sprach, die ihr Hilfe schuldig war und sie für gutherzig hielt, denn gutherzig war sie vor Jahren gewesen; sehr gutherzig, aber sie sah älter aus, dieses Jahr, wie sie ihren Kopf zwischen den Schwertlilien und Rosen und den nickenden Fliederdolden von einer Seite zur andern wandte, ihre Augen halb geschlossen, nach dem Straßengedröhn den köstlichen Duft, die auserlesene Kühle einschnüffelnd. Und dann, als sie ihre Augen öffnete, wie frisch, gleich gerüschtem Stoff, sauber aus der

Wäscherei, auf Weidentabletts ausgebreitet, die Rosen aussahen; und dunkel und steif die roten Nelken, erhobenen Hauptes; und all die spanischen Wicken, weit gestreut in ihren Schalen, violett, schneeweiß, bleich getönt – als wäre es Abend und Mädchen in Musselinkleidern kämen heraus, um spanische Wicken und Rosen zu pflücken, nachdem der wunderbare Sommertag mit seinem nahezu blauschwarzen Himmel, seinem Rittersporn, seinen Nelken, seinen Callas zu Ende war; und es wäre der Augenblick zwischen sechs und sieben, wenn jede Blume – Rosen, Nelken, Schwertlilien, Flieder – aufglüht; weiß, violett, rot, tieforange; jede Blume scheint von allein zu brennen, sacht, rein, in den dunstigen Beeten; und wie sie die grauweißen Falter liebte, hin und her schwärmend über den Weidenröschen, über den Nachtkerzen!

***

Sallys Wirkung war erstaunlich, ihre Begabung, ihre Persönlichkeit. Da war ihr Sinn für Blumen, zum Beispiel. In Bourton hatten sie immer strenge kleine Vasen, über den ganzen Tisch verteilt. Sally ging nach draußen, pflückte Stockrosen, Dahlien – alle Arten von Blumen, die man nie zusammen gesehen hatte – schnitt ihnen die Köpfe ab und ließ sie in Schalen auf dem Wasser schwimmen. Der Eindruck war erstaunlich – wenn man bei Sonnenuntergang zum Dinner hereinkam. (Natürlich fand Tante Helena es schlimm, so mit Blumen umzugehen.)

***

Das war eins der Bande zwischen Sally und ihm. Es gab einen Garten, in dem sie gerne spazierengingen, ein ummauerter Fleck mit Rosenbüschen und riesenhaften Blumenkohlpflanzen – er konnte sich erinnern, wie Sally eine Rose abriß, stehenblieb, um die Schönheit der Blumenkohlblätter im Mondlicht zu verkünden (es war außerordentlich, wie lebhaft alles wiederkam, Dinge, an die er seit Jahren nicht mehr gedacht hatte).

* * *

»Da«, sagte sie und steckte eine Rose an der einen Seite des Hutes fest. Nie hatte sie sich so glücklich gefühlt! Nie in ihrem Leben!

* * *

Seien wir nicht alle Gefangene? Sie habe ein wunderbares Stück über einen Mann gelesen, der an der Wand seiner Zelle kratzte, und sie habe gefühlt, daß genauso das Leben sei – man kratze an der Wand. Aus Verzweiflung über die menschlichen Beziehungen (die Leute seien so mühsam) gehe sie oft in ihren Garten und empfange von ihren Blumen einen Frieden, den Männer und Frauen ihr nie schenkten. Aber nein; er möge keine Kohlköpfe; er ziehe menschliche Wesen vor, sagte Peter. In der Tat, die jungen seien schön, sagte Sally, während sie beobachtete, wie Elizabeth durch das Zimmer ging. Clarissa im selben Alter so unähnlich! Könne er klug aus ihr werden? Sie bekäme den Mund nicht auf. Nicht sehr, noch nicht, gab Peter zu. Sie sei wie eine Lilie, sagte Sally, eine Lilie an einem Teich.

Über das Kranksein (1926)

Der erste Eindruck dieses außerordentlichen Schauspiels ist sonderbar überwältigend. Im allgemeinen ist es unmöglich, auch nur eine kurze Weile den Himmel anzuschauen. Ein öffentlicher Himmelsbeschauer würde die Fußgänger behindern und aus der Fassung bringen. Die Himmelsfetzen, die wir erwischen, sind von Schloten und Kirchen entstellt, dienen dem Menschen als Hintergrund, deuten auf nasses Wetter oder schönes, vergolden Fenster, und, das Astwerk ausfüllend, vollenden sie das Pathos zerzauster herbstlicher Platanen auf herbstlichen Plätzen. Nun, da man darniederliegt und geradewegs hinaufstarrt, zeigt sich der Himmel so gänzlich anders, daß es geradezu ein wenig schockiert. Das also ging die ganze Zeit vor sich, ohne daß wir es wußten! – dieses unaufhörliche Aufbauen und Auflösen von Gebilden, dieses Zusammengepuffe von Wolken und das Schleppen endloser Schiffs- und Wagenzüge von Nord nach Süd, dieses unaufhörliche Auf- und Niedergehen von Vorhängen aus Licht und Schatten, dieses grenzenlose Experiment mit goldenen Strahlen und blauen Schatten, mit dem Verhüllen und Enthüllen der Sonne, mit dem Aufwerfen und Wegblasen von Felswällen – diese unendliche Betriebsamkeit unter Verschwendung von Gott weiß wie vielen Millionen Pferdestärken an Energie durfte jahraus, jahrein nach Belieben so fortwirken. Die Tatsache scheint kritische Betrachtung, wenn nicht Tadel herauszufordern. Sollte nicht jemand an die *Times* schreiben? Man müßte sie doch einem Nutzen zuführen. Dieses gigantische Kinostück sollte man nicht fortwährend vor leerem Haus spielen lassen. Man sehe aber nur ein wenig länger zu, und eine andere Empfindung erstickt die Regungen bürgerlichen Eifers. Göttlich schön, ist es auch göttlich herzlos. Unermeßliche Energiereserven werden für irgendeinen Zweck verbraucht, der nichts mit menschlichen Freuden oder menschlichem Gewinn zu tun hat. Wären wir alle niedergestreckt, steif und starr, der Himmel experimentierte doch weiter mit seinem Blau und Gold. Vielleicht dann, wenn wir auf etwas sehr Kleines und Nahes und Vertrautes niederblicken, werden wir Mitgefühl finden. Prüfen wir also die Rose. So oft haben wir sie in Vasen blühen sehen, sie so oft mit höchster Schönheit verbunden, daß wir vergessen haben, wie sie da steht, still und stetig in der Erde einen ganzen Nachmittag hindurch. Sie bewahrt eine Haltung vollendeter Würde und Gelassenheit. Die Durchfärbung ihrer Blütenblätter hat etwas unnachahmlich Richtiges. Bald vielleicht fällt das eine gemächlich; bald neigen all die Blumen ihr Haupt, die üppig purpurnen, die cremefarbenen, in deren wächsernem Fleisch der Löffel eine Ringelspur von Kirschsaft zurückließ; Gladiolen; Dahlien; Lilien, priesterlich, ekklesiastisch; Blumen mit steifen Pappkragen, aprikosen- und bernsteingetönt, beugen sich alle leise dem Wind – alle mit Ausnahme der schweren Sonnenblume, die stolz um Mittag die Sonne grüßt und vielleicht um Mitternacht den Mond schroff zurückweist. Da stehen sie; und eben diese, die stillsten, die selbstgenügsamsten aller Dinge, haben sich die Menschen zu Begleitern erkoren; diese sind ihnen Sinnbild ihrer Leidenschaften, schmücken ihre Feste und liegen (als kennten sie die Trauer) auf den Kissen der Toten. Erstaunlich mitzuteilen, daß die Dichter Religion in der Natur gefunden haben; daß Menschen auf dem Lande leben, um von den Pflanzen die Tugend zu lernen. In ihrer Indifferenz sind sie tröstlich. Jenes Schneefeld der Seele, wo kein Menschenfuß je ging, wird von der Wolke besucht, vom fallenden Blütenblatt geküßt, so wie in anderer Sphäre die großen Künstler es sind, die Miltons und die Popes, die trösten, nicht weil sie unser gedenken, sondern vergessen.

Unterdessen, wie indifferent auch der Himmel oder wie hochmütig die Blumen, marschiert mit dem Heldenmut der Ameise oder der Biene die Armee der Aufrechten in die Schlacht. Mrs Jones erreicht ihren Zug. Mr Smith repariert seinen Motor. Die Kühe werden heimgetrieben zum Melken. Männer decken das Dach mit Stroh. Die Hunde bellen. Die Krähen, in einem Netz sich erhebend, fallen in einem Netz auf die Ulmen. Unermüdlich wirft sich die Welle des Lebens hinaus. Nur die Darniederliegenden sind es, die wissen, was die Natur schließlich kaum zu verbergen bemüht ist – daß sie am Ende siegt; Wärme wird die Erde verlassen; steif vor Kälte werden wir aufhören, uns über die Felder zu schleppen; dick wird das Eis auf Fabrik und Maschine liegen; die Sonne wird ausgehen. Und auch dann noch, wenn die ganze Erde zugepackt und eisglatt ist, wird irgendeine Bodenwelle, eine Unebenheit der Oberfläche die Grenze eines uralten Gartens bezeichnen, und dort, unerschrocken den Kopf im Sternenlicht emporstreckend, wird die Rose blühen, der Krokus leuchten. Aber da der Lebenshaken noch in uns steckt, müssen wir noch zappeln. Wir können nicht friedlich zu gläsernen Hügeln erstarren. Selbst die Darniederliegenden springen auf bei der bloßen Vorstellung von Frost an den Zehen und recken sich, um von der allseitigen Hoffnung das Ihre zu erlangen – den Himmel, Unsterblichkeit. *(Auszug)*

Zum Leuchtturm (1927)

»Es wird auf einmal kalt. Die Sonne scheint weniger Kraft zu haben«, sagte sie und blickte sich um, denn eigentlich war es strahlend hell, das Gras immer noch von weichem tiefem Grün, das Haus gleißte inmitten des Laubs mit seinen purpurnen Passionsblumen, und die Krähen ließen unbeteiligte Schreie aus dem hohen Blau herabfallen. Doch irgendetwas bewegte sich, blitzte, schlug mit einer silbernen Schwinge in der Luft. Es war schließlich September, Mitte September, und nach sechs Uhr abends. So schlenderten sie in der gewohnten Richtung den Garten hinab, am Tennisrasen vorbei, am Pampasgras vorbei, auf jene Lücke in der dichten Hecke zu, die von feuerroten Fackellilien bewacht wurde wie von Kohlebecken mit hellglühender Kohle, zwischen denen das blaue Wasser der Bucht blauer aussah denn je.

Sie kamen jeden Abend regelmäßig hierher, irgendeinem Bedürfnis folgend. Es war, als flutete das Wasser hinaus und brächte Gedanken zum Schwimmen, die auf dem Trockenen festgemacht hatten, und verschaffte ihren Körpern geradezu eine Art physischer Erleichterung. Zuerst überflutete das Pulsen der Farben die Bucht blau, und das Herz weitete sich bei seinem Anblick und der Körper schwamm, um dann schon im nächsten Augenblick durch die nadelnde Schwärze auf den kabbeligen Wellen aufgehalten und abgekühlt zu werden. Dann spritzte hinter dem großen schwarzen Felsen fast jeden Abend, so daß man sich vorsehen mußte und es doch eine Wonne war, wenn es eintrat, unregelmäßig eine weiße Wasserfontäne empor; und dann, während man darauf wartete, beobachtete man in der bleichen halbkreisförmigen Bucht, wie Welle um Welle wieder und wieder einen glatten Perlmuttfilm abstreifte.

Beide lächelten sie, als sie dort standen. Sie empfanden eine gemeinsame Heiterkeit, die durch die bewegten Wellen erregt wurde; und dann durch die rasche Fahrt eines Segelboots, das, nachdem es einen Bogen in die Bucht geschnitten hatte, innehielt; erzitterte; seine Segel herabsinken ließ; und dann, aus dem natürlichen Antrieb, das Bild zu vollenden, blickten beide, nach dieser raschen Bewegung, auf die Dünen in weiter Ferne, und statt Fröhlichkeit überkam sie eine gewisse Traurigkeit – teilweise, weil das Ganze nun vollendet war, und teilweise, weil ferne Ausblicke den Schauenden um eine Million Jahre (dachte Lily) zu überdauern und bereits mit einem Himmel zu verschmelzen schienen, in dem eine gänzlich zum Stillstand gekommene Erde beschlossen lag.

***

Das Haus war verlassen; das Haus war verwaist. Es blieb zurück wie eine Muschelschale auf einem Sandhügel, die sich mit körnigem Salz füllt, jetzt, da das Leben sie verlassen hat. Die langen Nächte schienen von ihm Besitz genommen zu haben; die tändelnden Lüfte, die nagenden, die klammen Brisen, die nestelnden, schienen den Sieg davongetragen zu haben. Die Kasserolle war verrostet und der Läufer zerfallen. Kröten hatten sich hineingeschnüffelt. Müßig, ziellos schwang die Stola hin und her. Eine Distel sprang zwischen den Fliesen in der Speisekammer hervor. Die Schwalben nisteten im Salon; der Fußboden war mit Stroh übersät; der Putz fiel schaufelweise herab; Sparren wurden bloßgelegt; Ratten trugen dies und jenes weg, um es hinter der Täfelung zu benagen. Nesselfalter brachen aus ihren Puppen hervor und flatterten sich an der Fensterscheibe zu Tode. Mohnblumen säten sich zwischen den Dahlien aus; der Rasen wogte vom hohen Gras; riesenhafte Artischocken ragten zwischen den Rosen auf; eine fransige Nelke blühte zwischen den Kohlköpfen; während das sanfte Pochen eines Unkrauts an der Fenstertür in Winternächten zu einem Getrommel stämmiger Bäume und dorniger Sträucher geworden war, die im Sommer den ganzen Raum ergrünen ließen.

Welche Macht vermochte der Fruchtbarkeit, der Fühllosigkeit der Natur jetzt noch Einhalt zu gebieten?

Orlando (1928)

Er beschrieb gerade die Natur, wie es zu allen Zeiten die Art
junger Dichter ist, und um die genaue Grünfärbung zu erfas-
sen, betrachtete er (wobei er sich kühner erwies als die meisten) den Gegenstand selbst, zufällig ein Lorbeerbusch, der unterhalb des Fensters wuchs. Danach konnte er selbstverständ-
lich nicht weiterschreiben. Grün in der Natur ist das eine,
Grün in der Literatur etwas anderes. Natur und Literatur sind
offenbar von Natur aus unvereinbar; bringt man sie zusammen,
zerreißen sie einander. Die Grünfärbung, die Orlando in diesem Augenblick sah, zerstörte seinen Rhythmus und spaltete
sein Versmaß. Damit nicht genug, hat die Natur ihre eigenen
Marotten. Man muss nur aus dem Fenster sehen und die Bienen in den Blumen betrachten, einen gähnenden Hund, einen Sonnenuntergang, denken: »Wie oft wird mir die Sonne
wohl noch untergehen?«, usw. usf. (der Gedanke ist zu breit-
getreten, um weiter ausgeführt zu werden), und schon legt man
die Feder hin, greift zum Umhang, schreitet aus dem Zimmer
und verfängt sich dabei mit dem Fuß an einer bemalten Truhe. Denn Orlando war ein klein wenig ungeschickt.

Er hütete sich davor, anderen zu begegnen. Stubbs, der Gärtner, kam den Weg entlang. Orlando versteckte sich hinter einem Baum, bis der Gärtner vorbeigegangen war. Er verließ
den Garten durch ein Türchen in der Mauer. Er machte einen
Bogen um alle Stallungen, Hundezwinger, Brauereien, Zim-
mermannswerkstätten, Waschhäuser, die Orte, wo Talglichter
gezogen wurden, Ochsen geschlachtet, Hufeisen geschmiedet,
Wämser bestickt – denn das Haus war eine Stadt voll Wider-
hall der verschiedenen Arbeiten, die Männer verrichteten –,
und erreichte unbehelligt den farnbeschatteten Weg, der hü-

gelan durch den Park führte. Vielleicht besteht Verwandtschaft zwischen Eigenschaften; die eine führt die andere mit sich; und der Biograph sollte hier darauf hinweisen, dass Ungeschicklichkeit oft mit Liebe zur Einsamkeit einhergeht. Orlando, der über eine Truhe gestolpert war, liebte von Natur aus einsame Orte, weite Ausblicke und das Gefühl, sich für alle Zeiten und alle Ewigkeit allein zu wähnen.

Und nach langem Schweigen flüsterte er zuletzt: »Ich bin allein«, und er öffnete zum ersten Mal in diesem Bericht den Mund. Schnellen Schritts war er hügelan durch Farne und Weißdornbüsche, aufgescheuchtes Wild und Wildvögel zu einer Stelle gewandert, die eine freistehende Eiche krönte. Sie lag hoch, so hoch, dass man von dort aus neunzehn englische Grafschaften überblicken konnte – bei klarer Sicht dreißig oder gar vierzig, vorausgesetzt, das Wetter war besonders günstig. Manchmal sah man den Ärmelkanal, Welle um gleichförmige Welle. Flüsse waren zu sehen und Lustboote darauf und Galeonen, die zum Meer hinausfuhren, und Armadas mit Rauchwolken, aus denen das dumpfe Dröhnen von Kanonendonner erklang, und Forts an der Küste und Burgen zwischen den Wiesen und hier ein Wachturm und dort eine Festung und vereinzelt gewaltige Herrenhäuser, dem von Orlandos Vater vergleichbar, wie Städte zusammengedrängt in dem von Mauern eingefassten Tal. Im Osten sah man die Kirchtürme Londons und den Rauch der Stadt, und wenn der Wind aus der richtigen Richtung wehte, zeigten sich wahrhaftig der zerklüftete Gipfel und die gezackten Kanten des Snowdon, die hinten am Horizont aufragten. Einen Augenblick lang stand Orlando da, mit Zählen, Betrachten, Wiedererkennen beschäftigt. Da das Haus seines Vaters, dort das seines Onkels. Jene drei gewaltigen Türme zwischen den Bäumen drüben besaß seine Tante. Die Heide gehörte ihnen ebenso wie der Wald, wie die Fasane und das Rotwild, Fuchs, Dachs und Schmetterling.

Er stieß einen tiefen Seufzer aus und warf sich – seine Bewegungen waren von einer Leidenschaftlichkeit, der dieses Wort zukommt – am Fuß einer Eiche auf den Boden. Es beglückte ihn, in dieser sommerlichen Vergänglichkeit das Rückgrat der Erde unter sich zu spüren, denn so empfand er die harte Wurzel der Eiche, oder – denn ein Bild folgte dem anderen – sie war der Rücken eines großen Pferdes, das er ritt, oder das Deck eines schlingernden Schiffs – ja sie war alles Mögliche, solange es hart war, denn er sehnte sich nach etwas, woran er sein unstetes Herz heften konnte, das Herz mit dem schmerzlichen Ziehen in seiner Brust, das Herz, das jeden Abend um diese Zeit, wenn er sich draußen erging, gewürzduftende und liebessüchtige Brisen zu erfüllen schienen. An die Eiche heftete er es, und als er dort lag, legte sich allmählich die Unruhe in ihm und um ihn herum; die Blättchen hingen schlaff, das Wild blieb stehen; die blassen Sommerwolken verharrten am Himmel; auf dem Boden wurden seine Glieder schwer, und er lag so reglos, dass das Wild nach und nach näher trat und die Krähen ihn umwirbelten und die Schwalben hinunterstießen und ihre Kreise beschrieben und die Libellen vorbeiflitzten, als wäre alle Fruchtbarkeit und alles liebessüchtige Treiben eines Sommerabends wie ein Netz um seinen Körper gesponnen.

***

Im Garten wuchsen Schneeglöckchen, Krokusse, Hyazinthen, Magnolien, Rosen, Lilien, Astern, Dahlien in allen Varietäten, Birnbäume und Apfelbäume und Kirschbäume und Maulbeerbäume samt einer ungeheuren Menge seltener blühender Sträucher und immergrüner und winterharter Bäume so dicht nebeneinander, dass kein Fleckchen Erde ohne seine Blüten und kein Rasenstreifen ohne seinen Schatten war. Außerdem hatte Orlando Wildvögel mit buntem Gefieder kommen lassen sowie zwei malaiische Bären, hinter deren unwirschem Gebaren sich ganz gewiss treue Herzen verbargen.

* * *

Wolken ziehen vorbei, dicke und dünne, und verstören die Farbe des Grases darunter. Die Sonnenuhr verzeichnet die Tageszeit in ihrer gewohnten rätselhaften Art. Der eigene Geist beginnt müßig die eine oder andere Frage über ebendieses Leben aufzuwerfen. Leben, singt oder summt er eher, wie ein Kessel auf dem Kaminabsatz, Leben, Leben, was bist du? Licht oder Dunkel, die Flanellschürze des Laufburschen oder der Schatten des Staren im Gras?

Lasst uns also diesen Sommermorgen erkunden, wenn alle die Pflaumenblüte und die Biene vergöttern. Und lasst uns im Summen und Murmeln den Star fragen (denn er ist ein umgänglicherer Vogel als die Lerche), was er denkt auf dem Rand des Kehrichteimers, wo er im Reisig ausgekämmte Haare des Küchenjungen aufpickt. Was ist das Leben?, fragen wir, auf das Tor des Wirtschaftshofs gelehnt; Leben! Leben! Leben!, ruft der Vogel, als hätte er uns gehört und als wüsste er genau, was uns umtreibt bei unserer lästigen naseweisen Gewohnheit, drinnen und draußen Fragen zu stellen und umherzuschauen und an Gänseblümchen herumzuzupfen, wie es bei Schriftstellern üblich ist, wenn sie nicht wissen, was sie als Nächstes sagen sollen. Dann kommen sie her, sagt der Vogel, und fragen mich, was das Leben ist; das Leben, das Leben, das Leben!

Und dann stapfen wir den Weg durch die Heide zu dem hohen Abhang des weinblauen, purpurdunklen Hügels hinauf und werfen uns dort nieder und träumen dort und sehen dort einen Grashüpfer, der einen Strohhalm in sein Heim in der Senke schleppt. Und er sagt (falls ein Gefiedel wie das seine einen so geheiligten und zarten Namen verdient haben sollte), das Leben bestehe aus Mühsal – jedenfalls deuten wir so das Gezirpe seiner staubstickigen Kehle. Und die Ameise stimmt zu, ebenso die Bienen, doch wenn wir lange genug liegen bleiben, um die Nachtfalter zu fragen, wenn sie abends kommen und sich zwischen den blasseren Glöckchen des Heidekrauts hereinstehlen, werden sie uns so phantastischen Unsinn in die Ohren blasen, wie man ihn in Schneestürmen von den Telegraphendrähten hört; Gekicher und Gegacker. Gelächter! Gelächter!, sagt der Nachtfalter.

Nachdem wir also Mensch und Vogel und Insekten befragt haben, denn die Fische, so sagen uns Menschen, die in grünen Höhlen gelebt haben, jahrelang einsam, um sie sprechen zu hören, sagen es nie und nimmer und wissen daher vielleicht, was das Leben ist – nachdem wir sie alle befragt haben und um nichts klüger geworden sind, sondern nur älter und kälter (haben wir uns etwa nicht einst irgendwie ersehnt, etwas so Hartes, so Seltenes in ein Buch einzupacken, dass man felsenfest überzeugt hätte sein können, es handle sich um den Sinn des Lebens?), müssen wir zurückgehen und ohne Umschweife dem Leser, der auf Zehenspitzen darauf wartet, es zu erfahren, sagen, was das Leben ist – o weh, wir wissen es nicht.

In diesem Augenblick, doch nur gerade rechtzeitig, um das Buch vor der Vernichtung zu retten, schob Orlando ihren Stuhl weg, rekelte sich, legte die Feder hin und rief: »Geschafft!«

Der außergewöhnliche Anblick, der sich daraufhin ihren Augen bot, riss ihr schier den Boden unter den Füßen weg. Da war der Garten, da waren einzelne Vögel. Das Dasein nahm seinen gewohnten Verlauf. Die ganze Zeit, während sie schrieb, war das Dasein weitergegangen.

Die Wellen (1931)

Die Sonne war noch nicht aufgegangen. Meer und Himmel ließen sich nicht unterscheiden, nur daß das Meer leicht gefältelt war wie ein zerknittertes Tuch. Allmählich, während der Himmel weiß wurde, erstreckte sich eine dunkle Linie am Horizont, die das Meer vom Himmel trennte, und das graue Tuch wurde von dicken Streifen durchzogen, die sich, einer nach dem anderen, unter der Oberfläche bewegten, einander folgend, einander jagend, immerzu.

Sowie sie sich der Küste näherten, hob sich ein Streifen nach dem anderen, schob sich hoch, brach und wischte einen dünnen Schleier weißen Wassers über den Sand. Die Welle hielt inne und zog sich dann wieder zurück, seufzend wie ein Schlafender, dessen Atem unbewußt kommt und geht. Allmählich wurde der dunkle Streif am Horizont klar, als hätte sich die Ablagerung in einer alten Weinflasche gesetzt und das Glas erschiene wieder grün. Dahinter klärte sich auch der Himmel, als hätte sich dort die weiße Ablagerung gesetzt, oder als höbe der Arm einer Frau, die hinterm Horizont ruhte, eine Lampe in die Höhe, und nun breiteten sich flache Streifen von Weiß, Grün und Gelb über den Himmel aus wie die Finger eines Fächers. Dann hob sie ihre Lampe höher, und die Luft schien auszufasern und sich von der grünen Oberfläche zu lösen, sie flackerte und flammte in roten und gelben Fasern wie rauchendes Feuer, das aus einem Freudenfeuer aufprasselt. Allmählich verschmolzen die Fasern des brennenden Freudenfeuers zu einem einzigen Dunst, einem weißen Glast, der das Gewicht des wollnen grauen Himmels emporhob

und in eine Million hellblauer Atome verwandelte. Die Meeres-
oberfläche wurde langsam transparent und lag gekräuselt und
glitzernd da, bis die dunklen Striche nahezu weggewischt waren.
Langsam hob der Arm, der die Lampe hielt, sie höher und dann
noch höher, bis eine breite Flamme sichtbar wurde; ein Feuer-
bogen loderte am Rande des Horizontes, und rund um ihn her
lohte das Meer golden.

Das Licht traf die Bäume im Garten, machte erst ein Blatt
transparent und dann ein zweites. Ein Vogel zwitscherte hoch
oben; es gab eine Pause; ein anderer zwitscherte weiter unten.
Die Sonne hob die Mauern des Hauses scharf hervor und ruhte
wie die Spitze eines Fächers auf einem weißen Rouleau und
machte einen blauen Schattenfingerabdruck unter das Blatt am
Schlafzimmerfenster. Das Rouleau bewegte sich leicht, doch drinnen war alles gedämpft und gestaltlos. Die Vögel sangen draußen
ihre ungereimte Melodie.

* * *

Die Sonne stieg höher. Blaue Wellen, grüne Wellen wischten mit
einem raschen Fächer über den Strand, umkreisten den Sproß
der Stranddistel und hinterließen flache Lichtpfützen hier und
dort auf dem Sand. Ein feiner schwarzer Rand blieb zurück.
Die Felsen, die dunstig und weich gewesen waren, erstarrten
und wurden von roten Kerben durchzogen.

Scharfe Schattenstreifen lagen auf dem Gras, und der Tau, der
auf den Spitzen der Blumen und Blätter tanzte, machte aus dem
Garten ein Mosaik von einzelnen Funken, die noch nicht zu
einem Ganzen zusammengeschlossen waren. Die Vögel, mit ka-
nariengelb und rosa gesprenkelter Brust, sangen nun ein oder
zwei Tonfolgen zusammen, wild, wie Schlittschuhläufer Arm in
Arm dahertollend, und waren plötzlich still, stoben auseinander.

* * *

Im Garten sangen die Vögel, die im Morgengrauen ziellos und vereinzelt auf diesem Baum, auf jenem Busch gesungen hatten, jetzt gemeinsam im Chor, schrill und scharf; mal sangen sie gemeinsam, als wäre sich einer des anderen bewußt, mal allein, wie für den blaßblauen Himmel. Sie schwenkten in einem einzigen Schwarm davon, wenn die schwarze Katze sich durch das Gebüsch stahl, wenn die Köchin Glut auf den Aschenhaufen kippte und sie erschreckte. Es war Angst in ihrem Lied, und eine Ahnung von Schmerz, und Freude, die es zu packen galt, jetzt, in diesem Augenblick. Auch wetteifernd sangen sie in der klaren Morgenluft, hoch über den Ulmen schwenkend, sangen zusammen, während sie einander jagten, flohen, verfolgten, nacheinander pickten, wenn sie hoch in der Luft kreisten. Und dann, müde der Verfolgung und Flucht, kamen sie liebreizend herab, ließen sich behutsam sinken, faßten Fuß und saßen still auf dem Baum, auf der Mauer, mit glänzenden Augen spähend, den Kopf mal hierher, mal dorthin gewendet; achtsam, wachsam; die Aufmerksamkeit gespannt auf ein Ding, einen bestimmten Gegenstand gerichtet.

Vielleicht war das ein Schneckenhaus, das sich im Gras wie ein grauer Dom erhob, ein schwellendes Gebäude mit eingebrannten dunklen Ringen und grün beschattet vom Gras. Oder vielleicht sahen sie die Blumenglorie ein Licht von fließendem Purpur über die Beete breiten, durch welches dunkle Tunnel aus Purpurschatten zwischen die Stengel getrieben wurden. Oder sie hefteten ihren Blick auf die kleinen hellen Apfelblätter, die tänzelnd und doch zurückgehalten, steif zwischen den rosa Blütenspitzen blitzten. Oder sie sahen den Regentropfen an der Hecke, der hing, aber nicht fiel, mit einem ganzen gekrümmten Haus darin und hoch emporragenden Ulmen; oder ihre Augen wurden, wenn sie gerade in die Sonne schauten, goldene Perlen.

***

Die Vögel sangen leidenschaftliche Lieder, die nur an ein einziges Ohr gerichtet waren und dann verstummten. Gurgelnd und glucksend beförderten sie kleine Strohhalme und Zweige zu den dunklen Knoten in den oberen Baumästen. Übergoldet und purpurgefleckt hockten sie im Garten, wo Goldregendolden und Flieder Gold und Lila herabschüttelten, denn jetzt zur Mittagszeit war der Garten ein einziges üppiges Blühen, und sogar die Tunnel unter den Stauden waren grün und purpurrot und gelbbraun, wenn die Sonne durch das rote Blütenblatt brannte oder das sattgelbe Blütenblatt oder von einem dickbepelzten grünen Stengel abgeschirmt wurde.

* * *

»An diesem heißen Nachmittag«, sagte Susan, »hier in diesem Garten, hier auf dieser Wiese, wo ich mit meinem Sohn spazierengehe, habe ich den Gipfel meiner Wünsche erreicht. Die Angel des Gattertors ist verrostet; er stemmt es auf. Die heftigen Leidenschaften der Kindheit, meine Tränen im Garten, als Jinny Louis küßte, meine Wut im Klassenzimmer, das nach Kiefernholz roch, meine Einsamkeit an fremden Orten, wenn die Maultiere auf ihren spitzen Hufen angeklappert kamen und die italienischen Frauen mit einem Tuch um die Schultern, Nelken im Haar, am Brunnen schwatzten, werden belohnt mit Sicherheit, Besitz, Vertrautheit. Ich habe friedliche, ergiebige Jahre erlebt. Was ich um mich sehe, gehört alles mir. Ich habe Bäume aus Samenkörnern gezogen. Ich habe Teiche angelegt, in denen sich Goldfische unter den breitblättrigen Lilien verstecken. Ich habe Netze über Erdbeerbeete und Salatbeete gespannt und die Birnen und Pflaumen in weiße Beutel eingenäht, um sie vor Wespen zu schützen. Ich habe zugesehen, wie meine Söhne und Töchter, die vormals in ihren Bettchen wie die Früchte durch Netze geschützt waren, die

Maschen zerrissen haben und neben mir hergehen, größer als ich, und ihre Schatten auf das Gras werfen.

Ich bin hier umzäunt, eingepflanzt wie einer meiner Bäume.«

***

Die Bäume, die verstreut umherstanden, ordneten sich; das dichte Grün der Blätter wurde dünn und zu einem tanzenden Licht. Ich warf einen jähen Satz wie ein Netz über sie. Ich holte sie aus der Formlosigkeit mit Worten zurück.

Die Jahre (1937)

Das grüne Licht blendete sie, als sie hineinging. Es war als stünde sie in der Höhlung eines Smaragds. Alles draußen war grün. Die Statuen grauer französischer Damen standen auf der Terrasse und hielten ihre Körbe; aber die Körbe waren leer. Im Sommer würden Blumen in ihnen brennen. Grüner Rasen fiel in breiten Schwaden zwischen gestutzten Eiben; lief zum Fluß hinunter; und schwang sich dann wieder zum Hügel hinauf, der mit Wäldern gekrönt war. Nebelgekräusel lag jetzt über dem Wald – der leichte Dunst des frühen Morgens. Während sie noch schaute, summte eine Biene an ihrem Ohr; sie glaubte, das Murmeln des Flusses über den Steinen zu hören; Tauben gurrten in den Baumwipfeln. Es war die Stimme des frühen Morgens, die Stimme des Sommers. Aber die Tür ging auf. Hier war das Frühstück.

Sie frühstückte; sie fühlte sich warm, aufgehoben und behaglich, als sie sich in ihrem Stuhl zurücklehnte. Und sie hatte nichts zu tun – nicht das geringste. Der ganze Tag gehörte ihr. Und dazu war es ein schöner Tag. Plötzlich wurde das Son-

nenlicht im Raum intensiver und breitete einen weiten Licht-
streifen über den Fußboden. Die Sonne schien auf die Blumen draußen. Ein Schmetterling, ein Kleiner Fuchs, flatterte
am Fenster vorbei; sie sah, wie er sich auf einem Blatt nieder-
ließ, und dort saß er, öffnete und schloß seine Flügel, öffnete
und schloß sie, als labe er sich am Sonnenlicht. Sie beobachtete ihn. Der Flaum auf seinen Flügeln war von einem weichen Rostrot. Er flatterte wieder davon. Dann, von einer unsichtbaren Hand eingelassen, stolzierte der Chow herein; kam
geradewegs zu ihr; schnüffelte an ihrem Rock, und ließ sich
in einen hellen Fleck aus Sonnenlicht niederfallen. [...]

Die Sonne war viel stärker geworden, als sie wieder nach
unten kam. Der Garten hatte bereits seine Aura der Reinheit
verloren; der Dunst über dem Wald war fort. Sie konnte das
Quietschen des Rasenmähers hören, als sie durch die Fenstertür trat. Das Pony mit den Gummiüberzügen an den Hufen
ging auf dem Rasen auf und ab und hinterließ eine helle Spur
im Gras hinter sich. Die Vögel sangen auf ihre abgehackte Art.
Die Stare in ihrer hellen Rüstung pickten im Gras herum. Tau
glitzerte, rot, violett, gold, auf den zitternden Spitzen der Gras-
halme. Es war ein vollkommener Maimorgen.

Sie schlenderte langsam über die Terrasse. Im Vorbeigehen
warf sie einen Blick durch die hohen Fenster der Bibliothek.
Alles war abgedeckt und zugehängt. Aber der lange Raum sah
stattlicher aus als gewöhnlich, seine Proportionen ansprechend;
und die braunen Bücher in ihren langen Reihen schienen
stumm, voller Würde, für sich allein, für sich selbst, zu existieren. Sie verließ die Terrasse und schlenderte den langen, gras-
bewachsenen Pfad hinunter. Der Garten war noch leer; nur
ein Mann in Hemdsärmeln verrichtete irgendeine Arbeit an
einem Baum; aber sie mußte mit niemandem sprechen. Der

Chow stolzierte hinter ihr her; auch er war stumm. Sie ging an den Blumenbeeten vorbei zum Fluß. Dort blieb sie immer stehen, auf der Brücke mit den in Abständen aufgereihten Kanonenkugeln. Das Wasser faszinierte sie immer. Der schnelle nördliche Fluß kam aus den Mooren herab; er war nie glatt und grün, nie tief und friedlich wie die Flüsse des Südens. Er raste; er hastete. Er breitete sich, rot, gelb und klarbraun, über die Kiesel in seinem Bett. Die Ellbogen auf die Balustrade gestützt beobachtete sie, wie er um die Bögen strudelte; sie beobachtete, wie er Rauten und scharfe Pfeilstriche über die Steine malte. Sie lauschte. Sie kannte die unterschiedlichen Geräusche, die er im Sommer und Winter machte; jetzt hastete er, er raste.

Aber der Chow war gelangweilt; er marschierte weiter. Sie folgte ihm. Sie ging den grünen Reitweg zu dem wie ein Kerzenlöscher geformten Monument auf der Kuppe des Hügels hinauf. Jeder Pfad durch den Wald hatte einen eigenen Namen. Es gab den Keeper's Path, den Lovers' Walk, die Ladies' Mile, und hier war der Earl's Ride. Aber bevor sie den Wald betrat, blieb sie stehen und sah zum Haus zurück. Unzählige Male war sie schon hier stehengeblieben; das Schloß sah grau und stattlich aus; schlafend an diesem Morgen, die Vorhänge zugezogen, und keine Flagge am Flaggenmast. Sehr nobel sah es aus, und sehr alt, und ausdauernd. Dann ging sie in den Wald hinein.

Der Wind schien sich zu erheben, als sie unter den Bäumen dahinging. Er sang in ihren Wipfeln, aber darunter war es still. Die toten Blätter knisterten unter ihren Füßen; zwischen ihnen kamen die blassen Frühlingsblumen zum Vorschein, die schönsten des Jahres – blaue Blüten und weiße Blüten, zitternd auf Kissen aus grünem Moos. Der Frühling war immer traurig, dachte sie; er brachte Erinnerungen zurück. Alles vergeht, alles verändert sich, dachte sie, als sie den schmalen Pfad zwischen den Bäumen hinaufging. Nichts von alldem gehörte ihr; ihr Sohn würde es erben; seine Frau würde nach ihr hier wandern. Sie brach einen Zweig ab; sie pflückte eine Blume und hob sie an ihre Lippen. Aber sie stand in der Blüte ihres Lebens; sie war voller Energie. Sie ging weiter. Der Untergrund stieg steil an; ihre Muskeln fühlten sich stark und geschmeidig an, als sie ihre dickbesohlten Schuhe in den Boden drückte. Sie warf ihre Blume weg. Die Bäume wurden dünner, als sie höher und höher stieg. Plötzlich sah sie den Himmel außergewöhnlich blau zwischen zwei gestreiften Baumstämmen. Sie hatte die Kuppe erreicht. Der Wind legte sich; um sie herum lag das Land weit ausgebreitet. Ihr Körper schien zu schrumpfen; ihre Augen weit zu werden. Sie warf sich auf die Erde und blickte über das wogende Land hinweg, das sich hob und senkte, immer weiter und weiter, bis es irgendwo in weiter Ferne das Meer erreichte. Unbebaut, unbewohnt, für sich selbst existierend, aus sich allein, ohne Städte oder Häuser, so sah es von dieser Höhe aus. Dunkle Keile aus Schatten, helle Breiten aus Licht, lagen Seite an Seite. Dann, während sie schaute, bewegte sich das Licht, bewegte sich das Dunkel; Licht und Schatten zogen über die Hügel und über die Täler. Ein tiefes Murmeln sang in ihren Ohren – das Land selbst, das für sich selbst sang, einen Chor, allein. Sie lag und lauschte. Sie war glücklich, völlig glücklich. Die Zeit hatte aufgehört.

Zwischen den Akten (1941)

Es war ein Jammer, daß der Erbauer von Pointz Hall das Haus in einer Mulde errichtet hatte, wo es doch hinter dem Blumengarten und den Gemüsebeeten dieses hochgelegene Gelände gab. Die Natur hatte einen geeigneten Platz für ein Haus bereitgestellt; der Mensch hatte sein Haus in eine Mulde gebaut. Die Natur hatte ein grasbewachsenes Gelände bereitgestellt von einer halben Meile Länge und eben, bis es jäh zum Seerosenteich abfiel. Die Terrasse war ausladend genug, um den Schatten eines der mächtigen Bäume in all seiner Breite aufzunehmen. Dort konnte man hin und her spazieren, hin und her, im Schatten der Bäume. Zwei oder drei standen dicht beieinander, andere ließen Lücken. Ihre Wurzeln brachen den Grasboden auf, und zwischen diesen Rippen wuchsen grüne Sturzbäche und Kissen aus Gras, in denen im Frühling Veilchen sprossen oder im Sommer die wilden purpurroten Orchideen.

***

»Im Wetterbericht«, sagte Mr Oliver und blätterte die Zeitung durch, bis er ihn fand, »heißt es: Wind aus unterschiedlicher Richtung; angenehme Durchschnittstemperatur; zeitweilig Regen.«

Er legte die Zeitung fort, und sie blickten alle zum Himmel, um festzustellen, ob der Himmel dem Meteorologen gehorchte. Zweifellos war das Wetter unbeständig. Grün war es im Garten; gleich darauf grau. Hier brach die Sonne durch – ein unendlicher Freudentaumel, der jede Blume, jedes Blatt ergriff. Dann zog sie sich voll Mitleid zurück, das Gesicht verhüllend, als meide sie es, auf menschliches Leid zu blicken. Etwas Unstetes, Asymmetrisches und Ungeordnetes hatten die Wolken an sich, wie sie sich verdünnten und verdickten. Gehorchten sie ihrem eigenen Gesetz oder gar keinem? Manche waren nichts weiter als weiße Haarsträhnen. Eine, hoch oben, in weiter Ferne, hatte sich zu goldfarbenem Alabaster verfestigt; war aus unvergänglichem Marmor geformt. Jenseits davon war Blau, reines Blau, Schwarzblau; ein Blau, das nie heruntergesickert war; das amtlicher Registrierung entgangen war. Es fiel nie als Sonne, Schatten oder Regen auf die Welt, sondern ignorierte den kleinen bunten Erdball völlig. Keine Blume fühlte es; kein Feld; kein Garten.

* * *

Der Weg war eng. Isa ging voran. Und sie war breit; sie füllte den Weg fast völlig aus, leicht sich wiegend im Dahinschreiten und hier und dort ein Blatt von der Hecke rupfend.

»So flieg denn, folge«, summte sie, »den scheckigen Rudeln im Zedernhain, da tummeln sich Rehbock mit Ricken, Ziege mit Zicken. Flieg fort. Mich hält der Ort. In Trauer allein, rupf ab das bittre Kraut ich an zerfallner Mauer, der Kirchhofsmauer, und press' sein herbes, sein süßes, sein herbes, langes-graues Blatt, so, zwischen Daumen und Finger …«

Sie warf die Rispe der Weißen Waldrebe fort, die sie im Vorbeigehen gepflückt hatte, und stieß mit dem Fuß die Tür zum Gewächshaus auf. Dodge war zurückgeblieben. Sie wartete. Sie griff sich ein Messer vom Brett. Er sah sie dastehen vor dem grünen Glas, dem Feigenbaum und der blauen Hortensie, das Messer in der Hand.

»Sprach sie«, murmelte Isa. »Und aus des Busens schnee'ger Furche zog sie die funkelnde Klinge. ›Stoß zu, Klinge!‹ sprach sie. Und stieß. ›Treuloser!‹ rief sie aus. Auch du, Dolch! Die Klinge brach. Wie auch mein Herz«, sagte sie.

Sie lächelte ironisch, als er herantrat.

»Ich wünschte, das Stück ginge mir nicht im Kopf herum«, sagte sie. Dann setzte sie sich auf ein Brett unter den Weinstock. Und er setzte sich neben sie. Die Träubchen über ihnen waren grüne Knospen; die Blätter dünn und gelb wie das Hautgespinst zwischen Vogelklauen.

»Noch immer das Stück?« fragte er. Sie nickte. »Das war Ihr Sohn«, fragte er, »in der Scheune?«

Sie habe auch eine Tochter, sagte sie ihm, in der Wiege.

»Und Sie – verheiratet?« fragte sie. Am Ton ihrer Stimme erkannte er, daß sie es ahnte, wie Frauen immer – alles – ahnten. Sie erkannten sofort, daß sie nichts zu befürchten hatten, nichts zu erhoffen. Zuerst nahmen sie es übel – als Statuen in einem Gewächshaus zu dienen. Dann mochten sie es. Denn dann konnten sie – wie sie es tat – sagen, was ihnen gerade einfiel. Und ihm, wie sie es eben tat, eine Blume reichen.

»Hier ist etwas für Ihr Knopfloch, Mr ...«, sagte sie und reichte ihm ein Zweiglein duftender Pelargonie.

»Ich heiße William«, sagte er, nahm das pelzige Blatt und preßte es zwischen Daumen und Zeigefinger.

»Ich heiße Isa«, antwortete sie. Danach unterhielten sie sich, als hätten sie einander ein Leben lang gekannt; was seltsam sei, sagte sie, wie Frauen das immer sagten, bedenke man, daß sie ihn erst seit etwa einer Stunde kannte. Seien sie nicht Verschworene, Sucher nach verborgenen Gesichtern? Nach diesem Eingeständnis hielt sie inne und fragte sich, wie Frauen das immer taten, warum sie so offen miteinander reden konnten. Und fügte hinzu: »Vielleicht, weil wir uns nie zuvor begegnet sind und uns nie wieder begegnen werden.«

»Das Schicksal eines jähen Todes schwebt über uns«, sagte er. »Es gibt kein Vorwärts und Zurück« – er dachte an die alte

Dame, wie sie ihm das Haus gezeigt hatte – »für uns so wie für sie.«

Die Zukunft warf einen Schatten auf ihre Gegenwart, wie die Sonne, die durch das vielädrige transparente Weinlaub schien; ein Netzwerk von Linien, die kein Muster ergaben.

V.

»Die Schönheit der Landschaft«
UNTERWEGS

England

Der Oktober war schon weit fortgeschritten, strahlte jedoch mit einer stetigen Wärme, die die frühen Sommermonate sehr unreif und launenhaft erscheinen ließen. Weite Gebiete der Erde lagen jetzt unter der Herbstsonne, und ganz England war, von den kahlen Mooren bis zu den Felsen Cornwalls vom Morgengrauen bis zum Sonnenuntergang erleuchtet und prangte in Streifen von Gelb, Grün und Violett. Unter solcher Beleuchtung funkelten selbst die Dächer der großen Städte. In Tausenden von Gärtchen blühten Millionen dunkelroter Blumen, bis die alten Damen, die sie so sorgsam gehegt hatten, mit ihren Scheren die Gartenwege herabkamen, ihre saftigen Stengel durchschnitten und sie in der Dorfkirche auf kalte steinerne Simse legten. (Aus: *Die Fahrt hinaus*)

Ist der Garten jetzt himmlisch? Selbst die Straßen Londons sind heute wie Gärten – also mußt du durch Felder von Fuchsschwanz und Narzissen wandern. [...] Pflanze eine Blume für Sparroy [Spitzname von Virginia Woolf]. Stiefmütterchen oder Vergißmeinnicht, oder sonst etwas, was klettert und immergrün ist, typisch für vieles. [...] Frühling auf dem Land ist wie ein sauberes Bad.

An Violet Dickinson, 10. April 1903

Der Wald ist zu gutartig & gefällig; er gibt einem alles, was man sich wünschen kann, aber er weist nicht über sich hinaus. Es gibt die langen grünen Fahrwege dort & das Geflecht der Äste vor dem Himmel; es gibt wilde offene Lichtungen, wenn man der Symmetrie überdrüssig ist, mit ihren vereinzelten Ulmen & Dornenbäumen, & ihrem Brombeergestrüpp & ihren Sümpfen. ›So wild – so frei – so imposant – so mittelalterlich‹: Dieses Lob muß man erteilen & bereitwillig erteilen, aber es gibt keinen Rest, der unausgesprochen bliebe, weil das passende Wort fehlt. Offen gesagt, ist der Wald ein bißchen gepflegt & ein bißchen zahm; er ist angelsächsisch ohne jeden keltischen Mystizismus; er ist flächsern & blumig, imposant & dekorativ. Wir haben für Wälder keinen Bedarf mehr, & doch wird dieser ehrfürchtig erhalten, auch wenn der alte Geist darin abgestorben ist. Und daher ist an dieser Gegend & ihren Bewunderern immer etwas Künstliches. Man findet hier keine richtigen Bauern oder Bäuerinnen, wie man auch keine steil abschüssigen Felder findet, die noch immer mühevoll umgegraben werden. Nein; die Landarbeiter geben sich eher als Leute, die mit dem Wald und seiner Überlieferung vertraut sind; & und es ist eine bewußt malerische Überlieferung. Viel von dieser Einstellung ist vermutlich unvermeidbar, denn der Wald unterscheidet sich von jeder anderen Gegend in England; & macht andere Gewohnheiten erforderlich. Es fällt einem zum Beispiel leicht, zumindest kommt es mir so vor, sich aus der äußeren Welt zurückgezogen & von einem dicken Ring von Bäumen eingeschlossen zu fühlen. Das wogende Land ist ausgesperrt & wohin man sich auch wendet, man wird in enge Wege zwischen den Bäumen gezwungen. [...]

Wir gingen über eine knisternde weiße Straße & dann unter den dunkelblättrigen Immergrünen. Hier gab es Beeren, die rot glühten; & alle Zweige waren mit Schnee gezuckert. Dann war es spät geworden & der herrliche Abendhimmel leuchtete auf – flammend & klar & gesund – mit den schwarzen Bäumen, die sich scharf davon abhoben. Und doch sehnt man sich nach dem dunklen Wogen der Moore im Norden oder den schwermütigen Klippen von Cornwall. Dort hört man den Wind & das Meer.

Tagebuch, Weihnachten 1906 (Aus: *Reisen mit Virginia Woolf*)

Lane End, Bank, Lyndhurst, Hampshire

Hier ist es eisig kalt, so daß Adrian nicht auf die Jagd gehen konnte und wir statt dessen einen Spaziergang gemacht haben. Gestern habe ich mich verlaufen und kam so müde nach Hause, daß ich nicht schreiben konnte – aber, mein Wort darauf, Bäume sind besser als Menschen.

An Violet Dickinson, 28 (?) Dezember 1906

Es ist so kalt, daß wir das Feuer kaum verlassen können. Adrian kommt jeden Morgen in seinen Gamaschen herunter und stochert mit seinem Stock in der Erde herum; und sie klingelt wie Eisen, und dann gibt es keine Jagd. Also gehen wir am Nachmittag spazieren, über Wege, die zu Kämmen gefroren sind, und mit Eis überzogen. Es ist sehr schön und still; wir begegnen niemandem, nur gelegentlich einem Hirsch. Dann die Sonnenuntergänge, und alle Bäume sehen aus, als seien ihre Spitzen rot gefärbt worden, und sie stehen wie gekämmt vor dem Hintergrund des Himmels, und wir fragen uns, ob die Natur manchmal nicht ein wenig zu protzig ist. Der Wald enttäuscht mich jedes Mal – er ist zu ordentlich und zu pittoresk. *An Violet Dickinson, 30 (?) Dezember 1906*

Garsington, Herrenhaus in der Nähe von Oxford

In der Tat war ich, aus irgendeinem Grunde, sehr zufrieden. Mein Bett wirkte wie Schichten eines äußerst elastischen Rasens; & dann ist der Garten fast melodramatisch vollkommen, mit seinem grauen rechteckigen Becken & rosa Bauernhäusern, seinem weichen weißgrauen Stein & riesigen sanften dichten grünen Eibenhecken. Diese Wege wandelten wir entlang […]. *Tagebuch, 29. Juli 1918*

Worthing, West Sussex

Wir gingen in den Buchenwald bei der Rennbahn. Ich mag diese Wälder; & wie die Wasser des Grüns sich über einem schließen; so seicht, mit der Sonne darauf; dann im Schatten so tief. Und ich mag die Buchenzweige, verschlungen, sehr komplex; wie viele Arme; & die Stämme, wie die steinernen Pfeiler in einer Kirche. *Tagebuch, 23. Juni 1929*

Waddesdon, Buckinghamshire

Gestern mit Mr Johnson [Obergärtner] durch die Waddesdon-Gewächshäuser gegangen. Einzelne rote Zeilen wurzelten im Sand. Zyklamen hundertschockweise. Azaleen dicht auf dicht wie Militärkapellen. Nelken in verschiedenen Stadien. Weinreben, die von emsigen Männern ausgeschnitten wurden. Nichts älter als 40 Jahre, aber jetzt zur Perfektion hergerichtet. Ein Feigenbaum mit tausend schlanken regelmäßigen Zweigen. Die Statuen, in Laken eingewickelt, wie tote Pferde. Die ganze Angelegenheit tot. Gemacht, gepflanzt, in Position gebracht so um das Jahr 1880. Eine einzige Blüte wäre ein größerer Genuß gewesen als diese Dutzende von Dutzenden. Und die Hitze, & die Ordnung & Exaktheit & Organisation. Mr Johnson wie eine Nektarine, hart, rot, reif.

Tagebuch, 11. April 1930

Ich wollte diese Notiz über die Waddesdon-Gewächshäuser machen. Da gab es reihenweise Hortensien, meistens in einem dunklen Blau. Ja, sagte Mr Johnson, Lord Kitchener kam & fragte, wie wir sie blau machten ... Ich sagte, man tut etwas in die Erde. Er sagte, das täte er auch. Aber manchmal bekämen sie, bei aller Sorgfalt, einen kleinen rosa Stich. Miss Alice duldete so was nicht. Wenn es da nur eine Spur Rosa gab, wurde es nicht gebilligt. Und er zeigte uns eine Hortensie mit metallischen Blütenblättern. Nein, das würde Miss Alice nicht billigen. Welch ein Wahnsinn, kam mir in den Sinn, & wie leicht wäre es, seinen Geist auf das Blau von Hortensien zu fixieren, & Mr Johnson zu hypnotisieren, nur noch an das Blau von Hortensien zu denken. Er besuchte sie jeden Abend, denn sie empfing fast niemanden; & sie unterhielten sich dann zwei

Stunden lang über die Pflanzen & die Politik. Wie leicht könnte man verrückt werden wegen des Blaus von Hortensien & an nichts anderes mehr denken.   *Tagebuch, 13. April 1930*

Merton Hall in der Nähe von Cambridge

Eine neue Feder. Aber manchmal möchte ich Menschen beschreiben, & da verblaßt unser Besuch bei den Rothschilds bereits in meinem Kopf. Wir fuhren am Donnerstag hin, brachen gegen 4.30 auf, fuhren durch diese sehr weiträumige Landschaft, die ich immer ehre, indem ich in einem Haus mitten im Kornfeld Wurzeln schlage. Es gibt solche Häuser; & die Straße führt durch offene, nicht eingezäunte Felder. Warum sind Felder in England immer von Hecken eingefaßt? Anders ist es viel besser. Dann nach Merton Hall: ein graues altes Haus, halb Kapelle oder College; halb die übliche Lebensweise eines reichen jungen Paares: 4 Kätzchen & ein kränkliches rührendes Seidenäffchen; […] & dann spazierten wir durch den Garten, zusammengesetzt wie eine Marmeladentorte – kleine quadratische mit Buchsbaum eingefaßte Beete mit einzelnen Blumen darin; ein protziger ungepflegter Garten.

Tagebuch, 21. Juli 1934

Irland

Galway

Ein Satz, den ich an diesem windigen Tag gemacht habe: die Wolken stecken ihre Röcke auf & entlassen einen Lichtschaft. Wir pflückten leuchtendblauen Enzian auf der Klippe, die zu den Aran Islands hinübersieht. Dies war, obwohl regnerisch & wolkig, eine unserer besten Fahrstrecken – aufs Meer zu; Ausblicke über Wellen wilden Landes mit ein oder zwei orangegefarbenen & gelblich weißen Cottages: das Meer blau, steinfarben oder tiefschwarz: die Wellen werfen ihr Haar zurück. Menschen, die Tang sammeln & auf Karren häufen. Extreme Armut.   *Tagebuch, 4. Mai 1934*

Schottland

[Wir] fuhren ... durch die Highlands, und da war ein See, mit darin widergespiegelten Bäumen, was, wie ich denke, die Schönheit ins Extrem trieb; ob sie ausdrückbar ist, diese Verzückung, bezweifle ich: grüne und purpurne Bäume, die kopfüber in der Mitte eines vollkommen stillen Sees hängen, und drumherum lauter Grün.

An Ethel Smith, 26. Juni 1938 (Aus: *Reisen mit Virginia Woolf*)

Die Niederlande

Utrecht

Hier sind wir also mitten in Holland. Bis jetzt war alles perfekt – gleißende Sonne, bis heute keine Unfälle außer daß wir ein Huhn überfahren haben, aber das war seine eigene Schuld. Das Fahren ist jedoch extrem schwierig, da die Straßen sehr schmal sind, und es gibt Millionen von Radfahrern – wie Schwalbenschwärme, und unzählige Rennautos. [...] Wir waren in Amsterdam, Dordrecht, Zutphen und Haarlem. Alles liegt gleich nebenan – ich meine, die Städte sind nur 6 Felder voneinander entfernt. Das Beste daran ist die Schönheit der Architektur; und die Markisen, die in allen Farben gehalten sind, und die Kanäle, und die Tulpen, und die blühenden Bäume, die ihre Spiegelbilder ins Wasser weinen – kann man das überhaupt sagen? [...]

Es ist sehr teuer hier, und ich glaube, wir haben in einer Woche mehr ausgegeben als in dreien sonstwo, und es gibt nicht viel menschliche Schönheit, aber jede Tugend – Reinlichkeit, Ehrlichkeit und so weiter: schlechten Kaffee, köstliche Kekse: die Kühe haben die Farbe von ungebleichter Leinwand; und es ist unglaublich schön – die Straßen und das Wasser und die Wiesen und die Barken und die ... aber ich werde diesen Satz nicht beenden, aus dem einfachen Grund, daß ich meine Buchstaben nicht formen kann, bloß muß ich noch sagen, daß Du die Tulpenfelder und die Hyazinthenfelder malen solltest, alle flach ausgebreitet, mit ungefähr 20 Meilen Wasser, das kommt und geht, 18 Schafen, 6 Windmühlen, untergehender Sonne, aufgehendem Mond. *An Vanessa Bell, 7. Mai 1935*

Frankreich

Cassis

Gerade aus Cassis zurück. [...] Ich bin neugierig, in welcher
Gestalt Cassis schließlich vor meinem geistigen Auge ange-
schwemmt werden wird. Da sind die Felsen. Nach dem Frühstück gingen wir hinaus & saßen in der Sonne auf den Felsen.
L. saß immer ohne Hut & schrieb auf den Knien. Eines Morgens fand er einen Seeigel – sie sind rot mit leicht zitternden
Stacheln. Dann machten wir nachmittags einen Spaziergang,
geradeswegs über den Hügel, in die Wälder, wo wir eines Tages die Automobile hörten, & die Straße nach La Ciota[t] gerade unterhalb entdeckten. Es war steinig, steil & sehr heiß.
Einmal hörten wir ein lautes Krächzgeräusch, wie von einem
Vogel, & ich mußte an die Frösche denken. Die roten fiede-
rigen Tulpen blühten auf den Feldern; alle Felder waren kleine winkelige aus dem Hügel gehauene Flächen, & von Reben
liniert & gerippt; & alles rot, & rosig & purpurfarben hier
& da durch die Blütenzweige eines knospenden Obstbaumes.
Hier & da war ein eckiges weiß oder gelb oder blau getünchtes
Haus mit fest verschlossenen Fensterläden; & flache Wege
drum herum, & einmal reihenweise Levkojen; eine unver-
gleichliche Sauberkeit & Entschiedenheit überall.

Tagebuch, 8. April 1925

Ich schreibe, mit Mühe, auf einem Balkon im Schatten. Alles
ist aufgeteilt in strahlendes Gelb und tintiges Schwarz. [...]
Wir alle sitzen in völligem Schweigen. Unter uns, auf dem
nächsten Balkon, malen Vanessa und Duncan die schönsten
Bilder von Broten, Orangen, Weinflaschen. Im Garten, der
mit Büscheln von Maßliebchen übersät ist, roten und weißen,
und Stiefmütterchen, hackt der Gärtner die völlig ausgetrock-
nete Erde. Außerdem ist da das Mittelmeer – und ein paar
nackte, kahle graue Berge, die ich betrachte, während ich in
der Sonne röste und denke, Vita klettert in diesem Augenblick über Hügel wie diese.

An Vita Sackville-West, 5. April 1927

Les Roches

Spaziergang gestern. Hatten die Größenordnung von Karten
vergessen. Fanden Champagnac zu viel für uns. Verirrten uns
in Les Roches. Kamen zu einem alten Haus auf einem grünen
Rasen, mit Bäumen & mauerumsäumtem Garten. Ach, hier
sollte man leben, sagten wir. So viel nuancierter, zarter, lieb-
licher als Cassis. Das Land ist flach & grün wie ein Rasen;
mit langgereckten bebenden, gerade ausgeschlüpften Pappeln;
dann das festgepreßte Grün der Hügel, das ich so mag; &
der Fluß, an dem wir entlanggingen – ein so tiefer Fluß, so
romantisch, wie er die blauen Gewitterwolken, die Weiden
aufnahm, sie nonchalant zwirbelte, dann weiterfloß. Büschel
violetten Enzians im Schilf. Eine elisabethanische Wiese –
Schlüsselblumen, Hasenglöckchen. Aber der Donner polter-

te los. Wir liefen. Wir suchten Schutz in einer Art zerfallenem
Gewölbe.   *Tagebuch, 25. April 1931*

Italien

Das Wasser fiel von einem Felssims wie Blei – wie eine Kette
mit dicken weißen Gliedern. Der Zug fuhr hinaus auf eine
steile grüne Wiese, und Jacob sah gestreifte Tulpen wachsen
und hörte einen Vogel singen, in Italien.

Ein Automobil voll italienischer Offiziere fuhr die flache
Straße entlang und blieb Staub aufwirbelnd mit dem Zug
gleichauf. Dort waren Bäume mit Rebstöcken verschlungen –
wie Vergil sagte. Hier war ein Bahnhof; und ein ungeheures
Abschiednehmen ging vor sich, mit Frauen in hohen gelben
Stiefeln und seltsamen blassen Jungen in geringelten Socken.
Vergils Bienen waren in den Ebenen der Lombardei umher-
geflogen. Es war bei den Alten Sitte, Rebstöcke zwischen Ulmen zu ziehen. Dann in Mailand waren scharfflügelige Falken,
von hellem Braun, die Figuren über den Dächern schnitten.

Diese italienischen Eisenbahnabteile werden in der Nachmittagssonne verflixt heiß, und man muß befürchten, daß,
bevor die Lokomotive die Scheitelhöhe des Passes erreicht hat,
die rasselnde Kette gerissen sein wird. Hinauf, hinauf, hinauf
geht es, wie eine Liliputbahn in einer künstlichen Landschaft.
Jede Kuppe ist mit spitzen Bäumen bedeckt, und überraschen-
de weiße Dörfer drängen sich auf Felssimsen. Auf dem höchsten Punkt ist immer ein weißer Turm, flache, rotgeriffelte
Dächer, und darunter geht es jäh in die Tiefe. Es ist kein Land,
in dem man nach dem Tee spazieren geht. Zum einen gibt es
kein Gras. Ganze Berghänge sind mit Olivenbäumen liniert.

Bereits im April ist die Erde zwischen ihnen zu trockenem Staub zerbröckelt. Und es gibt weder Zaunsteigen noch Fußpfade, noch mit Laubschatten gesprenkelte Feldwege noch Landgasthöfe aus dem achtzehnten Jahrhundert mit Erkerfenstern, wo man Eier mit Schinken ißt. Oh nein, Italien ist ganz und gar Wildheit, Kahlheit, Ungeschütztheit und schwarze Priester, die Straßen entlangschlurfen. Es ist auch sonderbar, wie man niemals von Landhäusern weggelangt.

(Aus: Jacobs Zimmer)

Perugia

Wenn man hier aus dem Vordereingang tritt, befindet man sich scheinbar auf einer Promenade über dem Meer. Ein blauer Dunst füllt den Raum zwischen den weißen Pfeilern der Brüstung; & die Leute lehnen sich an & sehen darüber hin, wie sie es am Meer tun. Aber in Wirklichkeit ist darunter trockenes Land, ein Stück tiefer abgesunken; es gibt geschwungene Weinberge, Olivenhaine, & die Hügel, die sich vor dem Himmel erheben, scheinen sich etwa auf der gleichen Ebene wie unsere Köpfe zu befinden. Bei Sonnenuntergang gibt es natürlich ein kolossales Schauspiel; Wolken von flamingofarbenem Scharlach & der Form von gekräuselten Federn, karmesinrote Flächen mit Streifen darauf; Hügel, die sich gegen den Feuerofen abheben, so daß ihr schmaler Saum von Bäumen sichtbar ist; doch am meisten mag ich den Vordergrund mit seinem weichen Grün & Braun & der matt weißen Glasur der Straße als seinem hellsten Licht.

Nach dem Tee suchen wir uns, anstatt nach dem Vorbild unserer Landsleute die Straßen zu durchstöbern, einen der

Wege aus, denen wir von unserem Fenster aus folgen können, & steigen ins Tal hinab. Schmale Wege zweigen immer wieder ab & führen zwischen die Weinberge. Sie sind steinig; führen an kleinen viereckigen Bauernhöfen vorbei, die lachsrosa getüncht sind. Italienische Bauern pflügen durch eine Erde, die den Anschein extremer Altertümlichkeit erweckt; sie ist so braun & trocken, daß alles Öl, das die Klumpen zusammenhält, herausgebacken worden sein muß. Zwei Ochsen, die schwerfällig sind & sehr zur Kontemplation neigen, führen diese unbeholfene Arbeit aus & sind von erheblichem Wert, wegen ihrer cremigweißen Farbe in der braunen & grauen Landschaft.

Es liegt vielleicht daran, daß ich die umbrischen Weinberge mit englischen Feldern vergleiche, daß ich nur langsam zu einem Bild für diese Landschaft finde. Die Einteilungen erschienen mir zunächst verwirrend: ich fand keine Abgeschiedenheit & keine Wildnis; es gab keine tiefen schattigen Baumgruppen, keine Felder mit hohem Gras. Der Boden ist einzigartig kahl & steinig; spröde wirkende Kornspeicher aus altem rosa Backstein sind hier & da verstreut, & vielleicht gibt es einen Torweg, wo alte Frauen sitzen, die Mais ausschälen. Den anheimelnden Kreis unserer Bauernhöfe gibt es hier nicht. Aber die Gegend ist schön; die verkrümmten kleinen Bäume, jetzt grün, jetzt wieder schwarz gegen den Himmel abgesetzt, sind voller Linien; reizvoll sind die Bergspitzen in der Entfernung, wie ein Lager von Zelten in allen Größen; hier vor uns liegt Perugia auf seinem Hügel, mit der Silhouette all seiner langen Türme & angehäuften viereckigen Quadern; hier ist nichts Weiches, nichts Undeutliches, aber ich fange an zu erkennen, daß dieses Land mit seinen knorrigen kleinen Bäumen & seinen scharf gezogenen Konturen einen Charakter hat, der jede andere Umgebung schnell fade werden ließe. [...]

Wir sind sehr geruhsame Reisende. Wir werfen am Vormittag einen Blick in eine Kirche oder Galerie, sitzen in unseren schattigen Räumen bis es Zeit für den Tee ist, & unsere ganze körperliche Betätigung besteht aus einem gemächlichen Spaziergang bei Sonnenuntergang … Wir sind von Bergen umgeben [in Umbrien], die bald bläulich werden, obwohl sie nur selten eine große Masse an Wolken tragen. Die Bäume auf unserer Anhöhe glühen, als wäre eine gelbe Malerfarbe darübergebürstet worden. Es ist unendlich angenehm, zu sitzen & die Hitze des Tages entschwinden zu lassen, bis ein leichter Wind aufkommt & es Zeit fürs Abendessen ist. Es gibt Blumen mit voluminösen gelben Blüten im Garten & Bäume, die wie mit Rosetten geschmückt sind. Sie haben nur wenige Blätter um eine solche Pracht tragen zu können.

Tagebuch, September 1908 (Aus: *Reisen mit Virginia Woolf*)

Villa San Gervasio

Sie hatten verschiedene Ausflüge gemacht, doch keinen längeren. Es lohnte sich allein schon um der blühenden Bäume willen, hierher zu kommen, die wild ganz in der Nähe des Hauses wuchsen, und um der erstaunlichen Farben von See und Erde willen. Die Erde war statt braun rot, violett, grün. »Ob Du's mir glaubst oder nicht«, setzte sie hinzu, »solche Farben findet man in ganz England nicht.« Tatsächlich schlug sie jener armen Insel gegenüber einen herablassenden Ton an, wo sich jetzt gerade mal fröstelnde Krokusse und frostbedrohte Veilchen in Winkeln, Wäldchen und lauschigen Ecken hervorwagten, gehegt von alten Gärtnern mit rosiger Haut und einem Schal um den Hals, die sich immerfort an den Hut tippten und unterwürfig nickten.

(Aus: *Die Fahrt hinaus*)

Florenz

Jetzt in Florenz fielen die letzten Fädchen seiner einstigen Fesseln von ihm ab. Der Augenblick der Befreiung kam eines Tages in den Cascine-Gärten. Als er über das »smaragdgrüne Gras« jagte, »von dem allenthalben die Fasane aufflogen«, kam Flush plötzlich der Regent's Park und seine Proklamation, »Hunde sind an der Leine zu führen«, in den Sinn. Wo war jetzt das »sind an der Leine zu führen«? Wo war jetzt die Leine? Wo waren Parkwächter und Schlagstöcke? Dahin, zusammen mit Hundedieben und den Kennel Clubs und Spaniel Clubs einer verderbten Aristokratie. Dahin mit vierrädrigen Kutschen und Einspännern! mit Whitechapel und Shoreditch! Er rannte, er jagte dahin; sein Fell blitzte; seine Augen glühten. Er war jetzt der Freund der ganzen Welt. Alle Hunde waren seine Brüder. Er brauchte keine Leine in dieser neuen Welt; er brauchte keinen Schutz. Wenn Mr Browning nicht rechtzeitig zu seinem Spaziergang bereit war – er und Flush waren jetzt ein Herz und eine Seele –, dann trieb Flush ihn kühn zur Eile an. Er »stellt sich vor ihn hin und bellt auf die herrischste Art und Weise«, bemerkte Mrs Browning mit einer gewissen Gereiztheit – denn ihr Verhältnis zu Flush war jetzt weniger gefühlvoll als in früheren Tagen; sie brauchte sein rotes Fell und seine leuchtenden Augen nicht mehr als Ersatz dessen, was ihrem eigenen Erleben fehlte; sie hatte ih-

ren eigenen Pan zwischen Weinbergen und Olivenbäumen entdeckt; er war des Abends gelegentlich selbst am Pinienholz-
feuer dabei. Wenn Mr Browning folglich trödelte, dann stand
Flush auf und bellte; wenn Mr Browning es jedoch vorzog, zu
Hause zu bleiben und zu schreiben, dann machte das auch
nichts. Flush war jetzt unabhängig. Die Glyzinen und der Gold-
regen überzogen blühend die Mauern; die Judasbäume loder-
ten hell in den Gärten; die wilden Tulpen waren über die Felder verstreut. Warum sollte er warten? Schon war er allein auf
und davon. Er war jetzt sein eigener Herr.

(Aus: *Flush*)

Rom

Zweifellos werde ich mich hier niederlassen – es übertrifft all
meine Erwartungen: Heute ist ein Feiertag und alle Sehens-
würdigkeiten sind geschlossen, also haben wir nur in den Gärten gesessen und sind zum Petersdom hinübergeschlendert.
Ich weiß nicht, wieso man das Gefühl hat, daß es allen anderen Städten so überlegen ist – teils wegen der Farbe nehme ich
an. Es ist ein vollkommener Tag; alle Blumen sind gerade herausgekommen; es gibt große Azaleensträucher an den Pfaden;
Judasbäume, Zypressen, Rasen, Statuen, zwischen denen die
italienischen Kinderschwestern in ihren primel- und rosafar-
benen Seiden mit ihren Schleiern und Spitzen umherwan-
dern, und statt dazu in der Lage zu sein, Proust zu lesen, wie
ich es beabsichtigt hatte (er ist übrigens bei weitem der größte moderne Romancier, und ich glaube, es würde sich, wenn
Du Dich dem Bücherlesen zuwenden würdest, eines Tages
für Dich auszahlen, ihn Dir anzusehen) merke ich, daß ich

mich wie ein Fisch zwischen Blättern und Blumen hindurchschlängele und in einem gewaltigen Tongefäß herumschwimme, das sich von Orangerot bis zu Blattgrün verfärbt – Es ist unglaublich schön – *An Vanessa Bell, 21. April 1927*

Am Sonntag schweiften wir durch die Campagna. Wahrscheinlich ist Frankreich ganz in Ordnung, und England ist ganz in Ordnung, aber ich habe noch nie etwas so Schönes gesehen wie das hier. Stell dir vor, wie wir im heißen Sonnenschein auf der Türschwelle einer römischen Ruine auf einer Wiese sitzen, mit falkenfarbenen Torbögen vor einem klaren grünen traubenfarbenen Himmel, silbrig vor Bergen im Hintergrund. Dann auf der anderen Seite nichts als die Campagna, blau und grün, mit einer mandelfarbenen Farm, mit Ochsen und Schafen, und weitere zerfallene Torbögen, und Marmorblöcke, die ins Gras gestürzt sind, und riesige, schwertgleiche Aloen, und Liebende, die sich zwischen den zerbrochenen Krügen zusammengerollt haben. Nemi hast Du vielleicht gesehen. Wir aßen in einem Restaurant, das über dem See hing, der fast rund ist, sehr tief, mit römischen Schiffen, die darin versunken sind, und erst von der Farbe von Olivenbäumen, und dann von Smaragden. Es war ziemlich wolkig, und so waren die Farben ständig dabei, sich sehr langsam zu verändern, und um den See herum war ein kleiner Pfad mit Pferden und Ziegen. Wir gingen nach dem Essen hinunter und fanden wilde Zyklamen und Marmor, um den das Wasser lappte. Ach, ach, und dann geht man hin und sitzt in einem Souterrain in Bloomsbury!

An Vanessa Bell, 26. April 1927 (Aus: *Reisen mit Virginia Woolf*)

Dies sollte nichts als Beschreibung sein – ich meine von den kleinen grünen Hügelkuppen; & den weißen Ochsen, & den Pappeln, & den Zypressen, & der gemeißelten geformten, unendlich musikalischen, glühenden grünen Landschaft von hier bis zur Abbazia – dahin sind wir heute gefahren; & konnten sie nicht finden, & haben einen nach dem anderen der freundlichen müden Bauersleute gefragt, aber keiner war weiter als 4 Meilen im Umkreis gewesen, bis wir zum Steinklopfer kamen, & der wußte es. […] Wir sind willkommen, weil wir reden könnten; sie umringen uns & reden über uns, wenn wir gegangen sind. Scharen freundlicher kleiner Jungen & Mädchen kommen immer in unsere Nähe, & winken & fassen an ihre Hüte. Und niemand beachtet die Ausblicke – außer uns – die Euganeen, knochenweiß, heute abend: dann ein geröteltes Bauernhaus oder zwei; & Lichtinseln, die hier & da im Schattenmeer schwimmen – denn es war regnerisch – dann die schwarzen Streifen der Zypressen um die Gehöfte; wie Pelzgrate; & die Pappeln, & das Singen der Bäche & Nachtigallen & plötzliche Schauer von Orangenblüten; & weiße Alabasterochsen, mit hin und her schwingendem Kinn – große Falten weißen Leders, die ihnen unter der Schnauze hängen – & unendliche Leere, Einsamkeit, Stille: nie ein neues Haus, oder ein Dorf; sondern nur die Weinberge & die Olivenbäume, wo sie immer gewesen sind. Die Hügel werden blaßblau, sehr scharf & weiß vor dem Himmel laviert; Hügel um Hügel; *Tagebuch, 15. Mai 1933*

Oh, hier & da immer noch die Schönheit der Landschaft – zum Beispiel an dem ersten Morgen die Fahrt aus Rom heraus – das Meer & die unberührte Landzunge; & die Schirmpinien, hinter Civita Vecchia: dann natürlich die ganze intensive Langeweile von Genua & der Riviera, mit ihren Geranien & ihren Bougainvilleen, die dir das Gefühl gibt, sie schubste dich zwischen Hügel & Meer & hielte dich dort im gleißenden luxuriösen Licht fest, ohne Platz zum Umkehren, so steil senken sich die geierhalsigen Hügel herab. Aber wir schliefen in der ersten Nacht in Lerici, das randvolle Meer & die grünen Segelboote & die Insel & das strahlende verblassende Rot & die gelben Laternen perfekt präsentiert. Doch diese Art von Perfektion läßt mich nicht mehr nach der Feder greifen – Es ist zu leicht. Aber während wir heute fuhren, dachte ich [...] an die Oliven & die rostrote Erde, & das flache Grün & die Bäume.   *Tagebuch, 26. Mai 1935*

Spanien

Granada

Heute morgen wie gewöhnlich hinaus zum Erkunden. Wir befinden uns in einem überaus grünen Schatten wie von großen englischen Bäumen, die eine südliche Sonne filtern ... [...] Die Gärten sind überaus lohnend. Sie sind sehr heiß & duften stark, ganz in kleinen eingelegten Terrassen wie ein italienischer Garten, mit kühlen Sommerhäuschen, in denen man ausruhen & über die Stadt bis zu den Schneebergen dahinter blicken kann. Am Nachmittag zeigte uns der Führer die Alhambra, ein herrlicher maurischer Palast & zwischen ramponierten gelben Mauern.

Tagebuch, 13. April 1905 (Aus: *Reisen mit Virginia Woolf*)

Es ist weit und breit der beste Ort, den wir sahen – fast möchte ich sagen, je gesehen haben – ich sonnte mich wie eine Eidechse in den Gärten, und es war heiß wie ein englischer August, was Dir natürlich überhaupt nichts sagt, aber denk an Orangenbäume, mit Orangen, und jede andere Art von Baum mit großen, grünen Blättern, und an all die Blüten, die Dir einfallen wollen. Der Garten des Cottage ist nichts dagegen.

An Violet Dickinson, 24. April 1905

Sierra Nevada

Diese zerknitterte rote und weiße Wand besteht, wie man sieht, aus Steinen, Olivenbäumen, Ziegen, Asphodelien, Schwertlilien, Büschen, Felsplatten, Graten, Klumpen, Büscheln und Mulden, unzählbar, unbeschreiblich, undenkbar. Was immer man im Kopf hat, zerbricht in kurze Sätze. Es ist heiß; der alte Mann; die Bratpfanne; es ist heiß; das Bild der Jungfrau; die Flasche Wein; es ist Zeit zum Mittagessen; es ist erst halb eins; es ist heiß. Und dann kommen wieder und wieder all diese Dinge – Steine, Oliven, Ziegen, Asphodelien, Libellen, Schwertlilien, bis sie durch eine Sinnestäuschung zu Kommandos werden, zu Aufmunterungen und Ermutigungen, wie sie zu marschierenden Soldaten passen, zu Wachen in einsamen Nächten und Anführern von großen Bataillonen. Aber muß man den Kampf aufgeben? Muß man das Spiel verloren geben? Ja, denn die Wolken treiben über den Paß; Maultiere kümmert es nicht, was sie tragen, Maultiere stolpern nie, sie kennen den Weg. Warum nicht alles ihnen überlassen?

Essay in Nation & Athenaeum, *5. Mai 1923*

(Aus: *Reisen mit Virginia Woolf*)

Griechenland

Athen

Ich liebe Athen gegen 7, wenn es durch die Straßen eilt, lärmt, weht von all diesen schwarzen, weißgesichtigen Frauen, & Frauen in Umschlagetüchern, & adretten kleinen Männern, die mit den Fledermäusen & den Nachtkerzen in südlichen Städten auftauchen; ari lalagos. Margery sagte heute abend, als sie dem Gerede bei Averrov lauschte, die Tonlage sei dieselbe wie die englische. [...] Das wurde am Garten erwähnt, wo es all die Blumen gab heute morgen – Ranunkeln wie gefältelte rosa & violette Muscheln; die flappenden schwarzweiß gefleckten Iris. Die andere Bemerkung fiel in der byzantinischen Kirche in Daphnis. »Oh, einfach fabelhaft – besser, als ich je gedacht hätte«, sagte Roger, indem er Hut, Stock, Tasche, & zwei oder drei Führer & Wörterbücher auf einer Säule ablegte. Dann starrten wir alle hinauf zum weißen rachsüchtigen Christus, größer als ein Alptraum, in blau-weißem Mosaik an der Decke. Uns gefiel diese Kirche sehr. Sie ist hoch & verwittert, & gewölbt, & das Mosaik ist größtenteils abgeblättert. Und man sieht aus der Tür hinaus auf diese büscheligen grünen Bäume, die jeder wie von einer sonnenhellen & wolkigen Welle überzogen sind – so strahlend so dunkel sind die grünen Wellen im Wald, in dem wir spazierengingen. Eine griechische Familie kümmert sich um die Kirche – Männer & Frauen mittleren Alters, sitzen herum in Stadtkleidung (die Männer) mit Mänteln & goldenen Ringen & lesen um 3.30 die Zeitung. Solchen Müßiggang, solche Ziellosigkeit habe ich in England nie gesehen. Schließlich trollt sich die Jüngste davon, eine Frau, mit Umschlagetuch, leichten Schuhen &

Baumwollkleid, klettert eine zerfallene Mauer hinauf & beginnt, gelbe Blumen zu pflücken – es gibt sonst nichts zu tun. Dann fuhren wir weiter zum Meer – & wie schön ist die reine Lippe des Meeres, wenn sie einen wilden Strand berührt; mit Hügeln im Hintergrund, & grünen Ebenen, & Eleusis in der Ferne & grüne & rote Felsen, & ein Dampfer, der ausläuft.

Tagebuch, 21. April 1932

Es ist Sonntag in Athen; wir haben zu Mittag gegessen, nicht allzu gut, und uns 2 Stunden lang byzantinische Relikte angesehen – weil es ein schwüler nasser Tag ist; und jetzt geht es zum Hymettos, und gestern sind wir mit einem Schiff nach Ägina gefahren, und haben den wunderschönsten Tempel gesehen, und eine Insel, die ganz in Terrassen gehauen ist, mit Oliven und wilden Blumen, und die See lief in die Buchten ein (es war triefendnaß, muß ich zugeben, und wir wurden mit 50 amerikanischen Archäologen durch die Gegend getrieben). Trotzdem ist es eine schöne Insel, und ich tappte zur Spitze des Hügels und pflückte wilde Iris und unbekannte gelbe Sterne, und kleine purpurne, violette, blaue, weiße, perlfarbene Blüten, alle ungefähr so groß wie der Stein an Deinem Ring, nicht größer. Und wir waren in Daphnis, und wanderten durch Olivenwälder, und in Sunion, dem Tempel auf einem Fels, der Fels ist weich vor Blüten, wieder alle nicht größer als Perlen oder Topase. Margery Fry ist eine manische Botanikerin, und hockt – sie hat die Größe eines russischen Bären – auf den Felsen und gräbt mit einem Federmesser. Und wir sahen die Hütten der griechischen Schäfer in einem Wald bei Marathon, und ein wunderschönes, dunkel olivfarbenes rotlippiges Mädchen mit einem rosa Schal, das umher-

ging und Fäden aus einem Büschel Wolle von ihrer eigenen
Schafherde spann.   *An Vita Sackville-West, 24. April 1932*

Also es ist fünf Minuten vor zehn: aber wo bin ich und schreibe mit Feder & Tinte? Nicht in meinem Arbeitszimmer. In
der Schlucht, oder dem Tal, von Delphi sitze ich unter einem
Olivenbaum auf dem trockenen Erdboden, der mit weißen
Margueriten bedeckt ist. L. liest neben mir in seiner griechischen Grammatik; dort fliegt ein Schwalbenschwanz, meine
ich. Graue Felsterrassen erheben sich mir gegenüber, jede mit
Olivenbäumen bewachsen, & kleinen Büschen, & wenn mein
Blick ihnen hinauffolgt, kommt der riesige kahle grauschwar-
ze Berg, & dann der vollkommen blanke Himmel. Und dann
zurück zur heißen Erde, & den Fliegen, die in den gelben Mitten der Margueriten sitzen. Da läuten Ziegenglocken; ein alter Mann ist auf seinem Maultier davongeritten – wir sind
genau am Fuß des Berges, auf dem Delphi liegt, & Roger &
Margery machen Skizzen. Und eine Heuschrecke hat sich gerade auf dem Olivenbaum niedergelassen.

So versuche ich, diese Szene sichtbar zu machen, die bald
auf immer vergangen sein wird.   *Tagebuch, 2. Mai 1932*

Warum hast Du mir nie erzählt, daß Griechenland wunder-
schön ist? Warum hast Du das Meer und die Hügel und die
Täler und die Blumen nie erwähnt? Bin ich der einzige Mensch,
der Augen im Kopf hat? Ich teile Dir hiermit feierlich mit,
Ethel, daß Griechenland das schönste Land der ganzen Welt
ist; Mai ist die schönste Jahreszeit im ganzen Jahr; Griechenland und Mai zusammen –! Es gab zum Beispiel die Nachtigallen, die da, wo wir am Bach saßen, in den Zypressen sangen: und ich füllte meinen Schoß mit scharlachroten Anemo-

nen; Ja, aber Du willst Fakten; Baedeker. Also gut, wir fuhren von Athen nach Korinth; Stadt nach einem Erdbeben im
Wiederaufbau, Golf [Kanal] aufgrund heftiger Steinschläge
blockiert; sechs Esel damit beschäftigt, Schläge wegzukarren;
wird 6 Monate oder ein Jahr dauern: aller Verkehr bis dahin
aufgehalten: Delphi abgeschnitten; Orangen in Hotel uner-
hältlich: von Korinth (all dies in einem großen offenen Wagen von Giolmann, von entzückendem Fahrer perfekt über
Straßen wie geronnene Krater chauffiert) nach Mykene: auf
mein Wort, großartig. Bienen dröhnen im Grab Agamemnons.
[...] die ganze Zeit nimmt die Hitze zu und der Wind, und die
blühenden Bäume öffnen sich, während man zusieht, und bil-
den Troddeln aus Violett und Weiß und Karmesin (verlang
nicht von mir, diese Fakten zu dokumentieren) vor einem
Himmel von makellosem Blau.

An Ethel Smyth, 4. Mai 1932
(Aus: *Reisen mit Virginia Woolf*)

Ich habe meine Füße in der kastalischen Quelle [Delphi] ge-
badet; und alle Felsen waren mit blaßvioletten Glockenblu-
men überzogen – aber was hat es schon für einen Sinn, einer
Engländerin von Blumen zu sprechen? Du kaufst sie in Sträu-
ßen: hier werfen sie sie dir an den Kopf. Ich habe nie so viele
gesehen – gestern in Ägina war der ganze Hügel rot vor Son-
nenröschen und gelben Mohnblumen, von denen ich eine für
Dich pflückte – hier sind die vermodernden Blütenblätter. Das
Meer drängt sich überall dazwischen – man erreicht die Spitze
eines Hügels, und unten liegt das Meer. Und Schneeberge dahinter, und Buchten, wie sie waren, als Eva – nein, es sollte
Persephone sein – dort badete. Kein einziger Bungalow, keine
Hütte, keine Teestube. Reines Meerwasser auf reinem Sand

ist fast das Schönste auf der Welt – du weißt, wie viele Male ich das gesagt und von alten Frauen mit Körben erzählt habe. Und so stürzten wir uns gestern ins Meer und schwammen in der Ägäis herum, während Seeigel und Anemonen, alle verwandelt, rot und gelb unter unseren Füßen wehten.

An Vita Sackville-West, 8. Mai 1932 (Aus: *Reisen mit Virginia Woolf*)

Und dann schaute ich auf & sah die Berge jenseits der Bucht, messerscharf, farbig, & das Meer; randvoll, glatt; & fühlte mich, als hätte ein Messer ein verkrustetes Organ in mir freigeschabt, denn ich konnte nichts finden, was gefehlt hätte in dieser beweglichen, athletischen Schönheit, in Farbe getaucht, so daß sie nicht kalt war, gar nichts Vulgäres an sich hatte, dennoch alt in puncto Menschheit, so daß jeder Zentimeter seine wilde Blume hat, die in einem englischen Garten wachsen könnte, & die Bauern sind sanfte Menschen; & ihre Kleider, abgetragen & versengt, sind von zarter Farbe, wenn auch grob. Es gibt ja nun Sympathie zwischen Menschen & Orten, wie zwischen den Menschen. Und ich könnte Griechenland lieben, als alte Frau, glaube ich, wie ich einst Cornwall geliebt habe, als Kind.   *Tagebuch, 8. Mai 1932*

LITERATURVERZEICHNIS

Virginia Woolf: *Augenblicke des Daseins*. Autobiographische Skizzen. Herausgegeben von Klaus Reichert. Deutsch von Brigitte Walitzek. © S. Fischer Verlag GmbH, Frankfurt am Main 2012 (S. 3f., 123ff., 138ff., 209ff.)

Virginia Woolf: *Briefe 1. 1888-1927*. Herausgegeben von Klaus Reichert. Deutsch von Brigitte Walitzek. © S. Fischer Verlag GmbH, Frankfurt am Main 2006

Virginia Woolf: *Briefe 2. 1928-1941*. Herausgegeben von Klaus Reichert. Deutsch von Brigitte Walitzek. © S. Fischer Verlag GmbH, Frankfurt am Main 2006

Virginia Woolf: *Das Mal an der Wand*. Gesammelte Kurzprosa. Herausgegeben von Klaus Reichert. Deutsch von Marianne Frisch, Brigitte Walitzek, Claudia Wenner, Dieter E. Zimmer. © S. Fischer Verlag GmbH, Frankfurt am Main 1989 (Darin: »Kew Gardens«, deutsch von Marianne Frisch, S. 104-111; »Im Obstgarten«, deutsch von Brigitte Walitzek; S. 181-183)

Virginia Woolf: *Der Augenblick*. Essays. Herausgegeben von Klaus Reichert. Deutsch von Hannelore Faden und Helmut Viebrock. © S. Fischer Verlag GmbH, Frankfurt am Main 1996. (Darin: »Über das Kranksein«, deutsch von Hannelore Faden, S. 18-20)

Virginia Woolf: *Die Fahrt hinaus*. Roman. Herausgegeben von Klaus Reichert. Deutsch von Karin Kersten. © S. Fischer Verlag GmbH, Frankfurt am Main 1989 (S. 32, 109, 199ff., 240, 384)

Virginia Woolf: *Die Jahre*. Roman. Herausgegeben von Klaus Reichert. Deutsch von Brigitte Walitzek. © S. Fischer Verlag GmbH, Frankfurt am Main 2000 (S. 218ff., 229, 254ff.)

Virginia Woolf: *Die Wellen*. Roman. Herausgegeben von Klaus Reichert. Deutsch von Maria Bosse-Sporleder. © S. Fischer Verlag GmbH, Frankfurt am Main 1991 (S. 7f., 23, 58f., 116, 148, 210)

Virginia Woolf: *Flush*. Eine Biographie. Herausgegeben und kommentiert von Klaus Reichert. Deutsch von Karin Kersten. © S. Fischer Verlag GmbH, Frankfurt am Main 1994 (S. 25, 49f., 80)

Virginia Woolf: *Jacobs Zimmer*. Roman. Herausgegeben von Klaus Reichert. Deutsch von Heidi Zerning. © S. Fischer Verlag GmbH, Frankfurt am Main 1998 (S. 37f., 58f., 88, 141, 170, 182)

Virginia Woolf: *Mrs Dalloway*. Roman. Herausgegeben von Klaus Reichert. Deutsch von Walter Boehlich. © S. Fischer Verlag GmbH, Frankfurt am Main 1997 (S. 7, 16, 24ff., 36, 70, 76, 140, 187)

Virginia Woolf: *Nacht und Tag*. Roman. Herausgegeben von Klaus Reichert. Deutsch von Michael Walter. © S. Fischer Verlag GmbH, Frankfurt am Main 2009 (S. 172, 177f., 293, 317ff., 445f.)

Virginia Woolf: *Orlando*. Eine Biographie. Aus dem Englischen von Melanie Walz. © Insel Verlag Berlin 2012 (S. 16ff., 97, 237f., 249f., 256f., 281f.)

Virginia Woolf: *Tagebücher, Bd. 1. 1915-1919*. Herausgegeben von Klaus Reichert. Deutsch von Maria Bosse-Sporleder. © S. Fischer Verlag GmbH, Frankfurt am Main 1990

Virginia Woolf: *Tagebücher, Bd. 2. 1920-1924*. Herausgegeben von Klaus Reichert. Deutsch von Claudia Wenner. © S. Fischer Verlag GmbH, Frankfurt am Main 1994

Virginia Woolf: *Tagebücher, Bd. 3. 1925-1930*. Herausgegeben von Klaus Reichert. Deutsch von Maria Bosse-Sporleder. © S. Fischer Verlag GmbH, Frankfurt am Main 1999

Virginia Woolf: *Tagebücher, Bd. 4. 1931-1935*. Herausgegeben von Klaus Reichert. Deutsch von Maria Bosse-Sporleder. © S. Fischer Verlag GmbH, Frankfurt am Main 2003

Virginia Woolf: *Tagebücher, Bd. 5. 1936-1941*. Herausgegeben von Klaus Reichert. Deutsch von Claudia Wenner. © S. Fischer Verlag GmbH, Frankfurt am Main 2008

Virginia Woolf: *Zum Leuchtturm*. Roman. Herausgegeben von Klaus Reichert. Deutsch von Karin Kersten. © S. Fischer Verlag GmbH, Frankfurt am Main 1991 (S. 25f., 145f.)

Virginia Woolf: *Zwischen den Akten*. Roman. Herausgegeben von Klaus Reichert. Deutsch von Adelheid Dormagen. © S. Fischer Verlag GmbH, Frankfurt am Main 1992 (S. 14, 22, 82f.)

Reisen mit Virginia Woolf. Herausgegeben von Jan Morris. Aus dem Englischen von Sibyll und Dirk Vanderbeke und Brigitte Walitzek. © S. Fischer Verlag GmbH, Frankfurt am Main 1999

»Ich liebe meinen Garten.«
Elizabeth von Arnim

Ach, ich könnte vor Freude jauchzen und tanzen, daß der Frühling da ist! Dieses Wiedererwachen von Schönheit in meinem Garten und heller Zuversicht in meinem Herzen!

Ihr Garten machte Elizabeth von Arnim glücklich, sie frönte der herrlichen Pracht der Blüten und feierte die Sinnesfreuden der Natur. Dabei ist der Garten für sie auch eine große Spielwiese: Der grüne Daumen übernimmt die Regie, die Hände graben emsig in der Erde, es werden Rabatten bepflanzt und Beete gejätet. Genauso sehr aber schätzt sie ihn als Ruhestatt und Rückzugsort, um sich vor ungeliebten Mitmenschen, übellaunigen Ehemännern, kauzigen Bekannten und eitlen Besuchern in Sicherheit zu bringen – und sich allein der Schönheit des Lebens hinzugeben …

»Mein himmlisches Königreich«. Gartenglück mit Elizabeth von Arnim. Herausgegeben von Katrin Eisner. insel taschenbuch 4374. Etwa 160 Seiten

»Die Beschäftigung mit Erde und Pflanzen kann der Seele eine ähnliche Entlastung und Ruhe geben wie die Meditation.«

Etwa die Hälfte seines Lebens hatte Hermann Hesse einen eigenen Garten. Ähnlich wie das Malen war die Beschäftigung im Freien für ihn eine erholsame Abwechslung von der Tätigkeit am Schreibtisch. Die Gartenarbeit war seine »Zuflucht aus der Welt des Papiers«. Sie war ihm auch behilflich beim Fortspinnen von Phantasiefäden, zur Meditation und Kontemplation.

In Erzählungen, Betrachtungen und Gedichten hat Hermann Hesse über das harmonische Zusammenspiel von Zier- und Nutzpflanzen, Blumen, Sträuchern und Bäumen, ihr Werden und Vergehen im Wechsel der Jahreszeiten berichtet. Die schönsten dieser Schilderungen, von der Betrachtung »Im Garten« bis zur berühmten Verserzählung »Stunden im Garten«, sind in diesem neu illustrierten Geschenkband versammelt.

Hermann Hesse: Freude am Garten. Herausgegeben von Volker Michels. insel taschenbuch 4371. Etwa 240 Seiten

»Ein Garten müht sich nicht, wenn er blüht, es ist ihm eine Lust.«
Rainer Maria Rilke

Der Garten, ob wild und unberührt oder von Menschenhand liebevoll gestaltet, verführte und inspirierte Rainer Maria Rilke zu zahlreichen Gedichten und Texten, in denen er Bilder schuf, die bezaubernder nicht sein könnten. Sei es das kleinste Detail oder das große Ganze, die Stille im Winter oder die flirrende Luft im Sommer, prachtvolle Blüten oder mächtige Bäumen – all die herrlichen Beobachtungen fängt der Dichter mit seiner unverwechselbaren Sprache ein. Der Garten ist für ihn immer: ein Ort voller Wunder und Frieden.

Und eine Linde ist mein Lieblingsbaum;
und alle Sommer, welche in ihr schweigen,
rühren sich wieder in den tausend Zweigen
und wachen wieder zwischen Tag und Traum.

»Der Garten glänzt vor lauter Licht«. Gartenglück mit Rainer Maria Rilke. Herausgegeben von Arne Grafe. insel taschenbuch 4372. Etwa 160 Seiten

»Wollte, Gott hätte mich zum Gärtner oder Laboranten gemacht, ich könnte glücklich sein.«

Der Garten war für Johann Wolfgang Goethe der Inbegriff friedlicher Ruhe und freier Entfaltung. Hier konnte er den Gang der Natur beobachten, botanische Studien betreiben oder sich von der Schönheit von Blumen, Bäumen und Sträuchern inspirieren lassen. In seinen Gedichten und Beobachtungen huldigt Goethe immer wieder dem Garten und fängt das Wunder der Natur in all ihrer Schönheit und Besonderheit ein.

»Jeder Baum, jede Hecke ist ein Strauß von Blüten, und man möchte zum Maiekäfer werden, um in dem Meer von Wohlgerüchen herumschweben und alle seine Nahrung darin finden zu können.«

»Der wunderbarste Ort von der Welt«. Gartenglück mit Johann Wolfgang Goethe. Herausgegeben von Mario Leis. insel taschenbuch 4373. 183 Seiten.

Von Wundergärten und Gartenwundern

Durch den Garten flanieren, mal hier eine Blüte bestaunen, mal dorthin schnuppern; Ausschau halten, nach all dem, was da kreucht und fleucht; in der Nachmittagssonne im Schatten eines Baumes sitzen und die Gedanken schweifen lassen; oder den Jahreszeiten und dem Wetter trotzen und das Gärtnern zur Passion machen – der Garten ist ein Ort ungeahnter Möglichkeiten, Momente des Glücks zu erleben.

Die Vielfalt des Gartenglücks findet sich in all den wunderbaren Geschichten wieder, zu denen Autorinnen und Autoren immer wieder inspiriert werden. Die schönsten sind in diesem Band versammelt – und bescheren ein einzigartiges Garten-Lese-Vergnügen.

»Blumen sind das Lächeln der Erde.« *Ralph Waldo Emerson*

Gartenglück. Die schönsten Geschichten. insel taschenbuch 4375. Etwa 160 Seiten

NF 243/1/1.15

Die schönsten Gärten von Cornwall bis Kew Gardens

»Wir sind aus einem Garten vertrieben, so erzählt es die biblische Geschichte. Seither suchen wir das Paradies. Auf dem Weg dorthin gibt es englische Gärten.« *Peter Sager*
In *Englische Gartenlust* erzählt Peter Sager von 20 Gärten – mit Lust, großer Kenntnis und feinem englischem Witz. Er stellt Blumen- und Landschaftsgärten vor, Künstlergärten, Collegegärten, Hotelgärten und Kräutergärten, mittelalterliche, botanische, private, verwunschene, exotische und am Ende gänzlich verlorene Gärten.

Peter Sager, Englische Gartenlust. Von Cornwall bis Kew Gardens. insel taschenbuch 4133. 178 Seiten

**Das Paradestück der Kunst
Virginia Woolfs in neuer Übersetzung**

Orlando ist jung, gutaussehend – und seine Schönheit soll niemals vergehen. Ein Wunsch, der ihm zum Schicksal wird: Er durchlebt beinahe vier Jahrhunderte und vier verschiedene Lebensentwürfe, ohne merklich zu altern.

In diesem furiosen Roman, als Biographie getarnt, geben sich die literarischen Genres ein lustvolles Stelldichein. Sprachlicher Übermut und Stilsicherheit halten sich unübertroffen die Waage.

Nach zwanzig Jahren liegt hier eine glanzvolle moderne Neuübersetzung vor, die erstmals den Ton des Originals trifft. Melanie Walz gelingt es, dieses Paradestück der Kunst Virginia Woolfs zu neuem Leben zu erwecken und ein unvergessliches Leseerlebnis zu schaffen, dessen Faszination und mitreißender Zauber unverwüstlich sind.

Virginia Woolf, Orlando. Aus dem Englischen von Melanie Walz. Roman. insel taschenbuch 4238. 304 Seiten.